500

recetas sin gluten

500
recetas sin gluten

desayunos, entrantes, tentempiés, platos principales y dulces

BLUME Carol Beckerman y Deb Wheaton

BLUME

Título original *500 Gluten-free dishes*

Edición Donna Gregory, Mark Searle
Dirección de arte Michael Charles
Diseño Jacqui Caulton
Estilismo gastronómico Lucy Heeley
Fotografía Ian Garlick
Traducción Maite Rodríguez Fischer
Revisión de la edición en lengua española
Eneida García Odriozola
Cocinera profesional
(Centro de formación de cocineros y pasteleros de Barcelona Bell Art)
Especialista en temas culinarios
Coordinación de la edición en lengua española
Cristina Rodríguez Fischer

Primera edición en lengua española 2014
Nueva edición 2019, 2024
Reimpresión 2026

© 2014, 2019, 2024 Naturart, S.A. Editado por BLUME
Carrer de les Alberes, 52, 2.º, Vallvidrera
08017 Barcelona
Tel. 93 205 40 00 e-mail: info@blume.net
© 2013 Quintet Publishing Limited, Londres

ISBN: 978-84-10048-75-1
Depósito legal: B. 955-2024
Impreso en China

WWW. BLUME.NET

MIXTO
Papel | Apoyando la
silvicultura responsable
FSC® C016973

contenido

introducción

Últimamente se habla mucho de los alimentos sin gluten. Quizás ese sea el motivo por el que hoy está leyendo este libro. Es posible que usted, o alguien cercano, haya sido diagnosticado como celíaco o sensible al gluten. Hay muchas razones para decantarse por una dieta sin gluten además de ser celíaco: una simple limpieza, un serio y a menudo controvertido programa de pérdida de peso o un tratamiento para el autismo o el trastorno por déficit de atención con hiperactividad (TDAH). Las investigaciones más recientes han identificado un amplio espectro de sensibilidad al gluten, a partir del cual los estudiosos han propuesto una nueva nomenclatura y clasificación de los desórdenes relacionados con él.

Tanto para quien sea celíaco como para quien tenga alergia al trigo o presente cualquier grado de sensibilidad o intolerancia al gluten, el tratamiento es el mismo: una dieta sin gluten.

Este libro desmitificará el proceso y le ayudará a disfrutar de un estilo de vida saludable, con una dieta saciante y libre de gluten. Las fotografías que acompañan a todas estas recetas irresistibles le recordarán que primero comemos con la vista. Además de tener en cuenta las circunstancias especiales de los celíacos y de las personas con intolerancia al gluten, encontrará consejos para llenar su despensa y convertir su cocina en un espacio seguro, sin perder de vista el objetivo de ofrecerle recetas fáciles de seguir y de las que pueda disfrutar toda la familia.

Debido a la mayor concienciación sobre el tema, la búsqueda de productos sin gluten aumenta cada día. Los mercados cada vez incluyen un mayor surtido de productos sin gluten, ya que los fabricantes intentan satisfacer la demanda creciente. Una visita al supermercado le demostrará hasta qué punto ha aumentado la oferta de estos productos.

Y no se desespere: ahora, que está a punto de aprender, es el mejor momento para empezar a seguir una dieta sin gluten.

enfermedad celíaca

En el año 2005, a mi hija y a mí nos diagnosticaron una enfermedad incurable... Y no lo hemos dejado de celebrar desde entonces. Una afirmación tan tajante requiere una explicación, ¿no le parece? Mi hija y yo somos celíacas.

¿qué es la celiaquía?

Samuel Gee, un pediatra londinense, fue el primero en proponer el término «celíaco» en 1888 tras definir los síntomas en niños con una precisión increíble y relacionarlos con su dieta. En la década de 1950, se identificó el gluten como el causante de la enfermedad, pero hasta la década de 1970 no se descubrieron los marcadores genéticos. Ahora sabemos que la celiaquía es una enfermedad autoinmune seria y de transmisión genética, que se manifiesta por una intolerancia total hacia los alimentos que contienen gluten. El gluten es la proteína que se encuentra en el trigo, el centeno y la cebada. Es lo que hace que la harina sea pegajosa y que el pan tenga esa estructura única. Pero a un celíaco incluso una migaja de un alimento con gluten puede provocarle una reacción alérgica muy grave.

¿cuáles son los síntomas?

Probablemente los síntomas más comunes y clásicos de la celiaquía sean gastrointestinales. Sin embargo, se trata de un desorden multisistémico y multisintomático. Los síntomas son variables y no siempre son gastrointestinales. Entre los más comunes se encuentran los siguientes: distensión abdominal, diarrea o estreñimiento, migrañas, niebla cerebral (fibroniebla o disfunción cognitiva), fatiga, infertilidad o complicaciones en el embarazo, dolor articular y óseo, anemia y crecimiento lento en la infancia. También existe una manifestación dérmica de la enfermedad, conocida como dermatitis herpetiforme (DH), caracterizada por la formación de ampollas con prurito. Quienes padecen DH también pueden presentar daño intestinal, aunque sin evidenciar los síntomas gastrointestinales.

Si no se diagnostica correctamente, pueden aparecer otras enfermedades más serias asociadas con este desorden: artritis reumatoide, diabetes tipo 1 insulinodependiente, osteoporosis, enfermedad tiroidea, lupus, dolencias hepáticas y algunos tipos de cáncer.

Esta es la enfermedad genética autoinmune más frecuente en el planeta, y es también la más infradiagnosticada o mal diagnosticada. De hecho, el 97 % de los celíacos ni siquiera saben que sufren una enfermedad potencialmente mortal. El retraso promedio en el diagnóstico de un adulto es de 9 años.

¿y por qué lo celebramos?

La enfermedad celíaca es la única que puede controlarse íntegramente con la dieta. Dicho de forma específica y simple... ¡una dieta sin gluten! Y ese es el motivo de la celebración. *500 recetas sin gluten* le mostrará el camino y le ayudará a desmitificar el proceso.

Mi hija y yo llevamos vidas normales y saludables siguiendo una dieta sin gluten. Hemos recuperado nuestras vidas. Con una estricta dieta sin gluten, es muy poco probable que suframos cualquiera de las enfermedades secundarias asociadas a la celiaquía no diagnosticada.

¿qué es la sensibilidad al gluten?

También hay un número creciente de personas que experimentan una reacción similar a la de los celíacos cuando consumen gluten, aunque sin la serología positiva o el daño intestinal. Quienes sienten malestar después de consumir gluten, y mejoran al eliminarlo de su dieta, se consideran dentro de la categoría de los «sensibles al gluten».

Las investigaciones más recientes identifican todo un espectro de sensibilidades al gluten y de desórdenes relacionados con esta proteína. Si el resultado de las pruebas de celiaquía es negativo, pero sufre reacciones adversas al consumir gluten, es posible que forme parte de este grupo.

algunas palabras sobre la avena sin gluten

La avena se encuentra a menudo en la lista de alimentos que deben evitarse en una dieta sin gluten, pues, aunque no contiene gluten natural, a menudo sufre contaminaciones cruzadas en las zonas de cultivo. La avena se suele cultivar cerca de los campos de trigo y a menudo forma parte del ciclo de rotación de cultivos con otros granos que sí contienen gluten. Sin embargo, algunos estudios han demostrado que la mayoría de los celíacos toleran la avena certificada como libre de gluten, y recomiendan su consumo como parte de una dieta equilibrada, ya que aporta proteína, fibra y variedad. Debido a la proteína añadida, la harina de avena sin gluten es un sustituto ideal de la harina de trigo. Aun así, es cierto que un segmento de la comunidad celíaca también es intolerante a la avena por más limpia y libre de gluten que esté. Por desgracia, mi hija y yo estamos dentro de este grupo. Pero las investigaciones más recientes nos han dado la esperanza de devolver la avena a nuestras vidas. Parece que la mayoría de las avenas tienen cáscaras ricas en una proteína denominada G12. Se cree que este péptido de avenina es el que produce la reacción en la avena sin gluten. Como algunas avenas sin gluten tienen un alto contenido de esta proteína, incluso si se cultivan en un medio totalmente libre de gluten continúan siendo intolerables para algunos celíacos muy sensibles. Pero existe una variedad de avena denominada «avena nuda L» que carece de cáscara y tiene un contenido muy bajo del péptido de avenina proclive a desencadenar la reacción similar a la del gluten. Mi hija y yo hemos descubierto que la toleramos bien, y así hemos podido incorporar la avena y la harina de avena a nuestra dieta diaria sin gluten. Si es tolerante a la avena, el muesli para el desayuno de la página 45 es una adición muy valiosa y saludable a cualquier dieta.

¿pero una dieta sin gluten es sana?

El equilibrio es siempre una parte vital de cualquier dieta exitosa, con o sin gluten. Y aquí es donde una dieta sin gluten realmente adquiere relevancia, ya que no se sentirá tentado a comer frituras o galletas. Las cinco raciones diarias de fruta y verdura que deberían formar parte de cualquier dieta equilibrada están libres de gluten. Todas* las carnes, pescados y aves no tratados están, por naturaleza, libres de gluten (*nota: en algunos casos se añaden aglutinantes a base de harinas de trigo a las carnes y al pescado procesados). Recuerde incluir hidratos de carbono amiláceos, como arroz, patatas, yuca, y cereales sin gluten, como la quinua y los bledos. Reduzca su consumo total de grasas, en especial las saturadas, que se encuentran en productos animales como la mantequilla, algunos cortes de carne y los productos lácteos a base de leche entera.

Así pues, ¿qué le falta a una dieta sin gluten? Los expertos indican que la eliminación total del gluten en la dieta puede producir una deficiencia de fibra y de algunas vitaminas del grupo B, abundantes en la mayoría de los cereales con gluten. Sin embargo, resulta fácil tomar un suplemento, y muchos cereales libres de gluten ya tienen un contenido relativamente elevado de proteínas y vitamina B. Entre ellos se encuentran los bledos, la avena, la quinua y el *teff*.

para empezar

Para disfrutar de este libro, antes de nada hemos de considerar las contaminaciones cruzadas. El gluten es una plaga muy molesta y abundante. Se ha ido acumulando poco a poco en su cocina durante años, y le recordará continuamente su pasado impregnado en gluten. Así, como cualquier otra plaga, el gluten requiere un plan de exterminio específico. Al principio, esta parte del proceso puede ser todo un reto. Las buenas noticias: solo tendrá que hacerlo una vez. A partir de este libro, tomará las riendas de su bienestar futuro.

Lea las etiquetas de los comestibles que tiene en la cocina, ya que el gluten suele utilizarse en cremas, salsas, potenciadores del sabor, especias y aditivos como el almidón modificado. También las sopas enlatadas y los aperitivos embolsados suelen contener trigo. Pero cada día resulta más fácil hacer la compra, ya que muchos de los alimentos están etiquetados con orgullo como «sin gluten». También será necesario verificar sus suplementos vitamínicos, pues muchos contienen gluten como excipiente.

Existen innumerables listas de marcas libres de gluten en internet. Pero, si tiene dudas, llame o escriba por correo electrónico al fabricante. Estará encantado de escucharlo, ya que su intención es salvaguardar su salud.

consejos para hacer la compra

- Cocinar con productos naturales es la mejor manera de evitar la contaminación y de incrementar su bienestar. Este libro lo guiará a través de cientos de recetas fáciles de seguir, y con miles de variantes deliciosas.
- Se dará cuenta rápidamente de que son muchos más los alimentos que de forma natural no contienen gluten que los que sí lo tienen.
- Muchos supermercados cuentan hoy en día con varias secciones dedicadas a los alimentos sin gluten.
- Tenga cuidado con los alimentos procesados. Si no puede pronunciar el nombre de los ingredientes, le conviene estudiar otras opciones.

Con los conocimientos y la preparación adecuados, es fácil gestionar y mantener una dieta sin gluten.

reponer la despensa y la nevera

Resulta evidente que, para tener una cocina libre de gluten, es necesario eliminarlo en su totalidad. Además de los obvios, en toda cocina hay muchos alimentos sin gluten que se han contaminado sin darnos cuenta. Comience con la nevera: los condimentos como la mayonesa, el kétchup y la mostaza suelen estar libres de gluten. Pero, una vez que abre el frasco e introduce un cuchillo con el que previamente ha extendido el contenido sobre una rebanada de pan, el frasco está contaminado... para siempre. Cuando sustituya estos artículos, en especial si comparte la cocina, considere el uso de dosificadores de salsas con válvula para eliminar la posibilidad de contaminaciones.

retirar el gluten

- Superficies de trabajo: límpialas a conciencia con una solución jabonosa muy caliente.
- Cacerolas y sartenes: el acero inoxidable es el material del que es más fácil eliminar el gluten. Puede conseguirlo con un buen lavado a fondo. Sin embargo, el gluten adherido a los materiales de fundición puede ser más difícil de eliminar, ya que suele presentar una acumulación de varios años. Si se trata de una pieza de herencia familiar, lávala con una esponja de lana de acero,

enjuáguela bien e introdúzcala en el horno muy caliente durante unos 15 minutos. Si no es el caso, espero que se dé el lujo de comprarse una nueva sartén.

- Moldes para pasteles y tartas: los de vidrio son los más fáciles de limpiar. Simplemente friéguelos y lávelos en el lavavajillas. Los moldes de aluminio, y en especial los *bundt*, deben sustituirse.
- Tablas de corte: probablemente sea necesario sustituir sus antiguas tablas de plástico. Los pequeños cortes, signos de uso y desgaste, pueden contener gluten. Las tablas de madera, según su grosor, pueden lijarse para eliminar los cortes.
- Utensilios, rodillos, tazas y cucharas de medición: por la misma razón mencionada antes, sustituya tanto los de madera como los de plástico.
- Electrodomésticos: su vieja tostadora favorita y su plancha de gofres ya no son sus amigas. Las migajas de su antigua vida impregnada de gluten habitan en ellas y caerán sobre sus tostadas sin gluten por toda la eternidad. Hay una nueva tostadora y una plancha de gofres en su futuro.
- Después de limpiar su cocina para eliminar el gluten, tire todas las esponjas y estropajos.
- Freidora: sorprendentemente, la molécula de gluten continúa activa incluso en el aceite burbujeante de una freidora. Friegue todos sus componentes a fondo.

  Nota: hasta este momento, he dado por supuesto que creará una cocina totalmente libre de gluten. Si utiliza una cocina compartida, necesitará realizar algunas modificaciones creativas.

- En una cocina compartida, tendrá dos tostadoras. Identifique su tostadora sin gluten con un marcador de ropa o una cinta.
- Destine un cajón para los utensilios sin gluten. Utilice un rotulador para marcar el mango o, mejor aún, compre utensilios con un mango de color diferente. Puede resultar útil diseñar un código de colores para toda su cocina compartida.
- Marque o identifique las tapas de cualquier frasco de condimentos. Basta con un simple «Por favor, SG».
- Separe la mantequilla y el queso. O emplee siempre un cuchillo limpio para cada uso.

cocinar para el niño celíaco

En mi opinión, una vez que se haya puesto al día, haya creado un ambiente seguro para cocinar y haya surtido su alacena, cocinar para un niño celíaco es pan comido, ¡sin gluten, por supuesto!

Cada niño tiene sus propios alimentos favoritos, y muchos de ellos no tendrán gluten. Hay niños más quisquillosos que otros. Si tiene un paladar exigente en su casa, réstele importancia lo más pronto posible e incida en algunas de las deliciosas posibilidades SG disponibles en este libro. Comparta este libro de cocina con los niños más pequeños. La hora del cuento sin gluten es una manera estupenda de que su hijo se involucre. Deje que los niños elijan para animarlos a participar en la dieta sin gluten. Recuerde que primero comemos con los ojos; hojear las hermosas fotografías de este libro será una auténtica fuente de inspiración. Probablemente no sea una buena idea pregonar que las espinacas y las coles de Bruselas no tienen gluten. En cambio, destaque el hecho de que el chocolate y muchos helados tampoco. Según mi experiencia, la escuela es el tema más difícil. Después del diagnóstico, resulta esencial una entrevista con los profesores. No haga que el profesor tenga que adivinar: imprima listas con los alimentos que deben evitarse y «seguros». Los niños detestan sentirse diferentes, y les encanta compartir su comida. En este caso no hay elección: los compañeros de su hijo deben entender que no pueden compartir sus galletas y bocadillos. Pero imagine los deliciosos *brownies* de chocolate con pacanas de la página 265 en la fiesta de cumpleaños de su hijo en el colegio. Nadie sabrá que no tienen gluten. Es muy probable que alguno de los compañeros de clase de su hijo también tenga algún tipo de sensibilidad o alergia a un alimento. Allane el camino animando al profesor a que planifique un tiempo para que todos hagan una exposición sobre sus «problemas».

un asunto familiar

Las investigaciones más recientes demuestran que el 11 % de los familiares en primer grado de un celíaco, como los padres o los hijos, también presentan la enfermedad. De hecho, los hermanos aún tienen un mayor riesgo de compartirla: un 22 %. Revise su árbol genealógico: ¿alguna abuela o tía sufría enfermedades autoinmunes como la artritis reumatoide o la osteoporosis? Creo que resulta esencial buscar las oportunidades de informar a los miembros de nuestra familia y animarlos a que se hagan las pruebas diagnósticas.

Ya sea por un cambio en el estilo de vida, una alergia o una enfermedad autoinmune seria como la celiaquía, el éxito al seguir una dieta libre de gluten dependerá de su deseo de conseguirlo. Y como se trata de la alimentación, no hay duda de que las fabulosas recetas de este libro lo motivarán para sumergirse en las diferentes variantes hasta descubrir su propio estilo sin gluten. Finalmente, una rápida búsqueda en internet le confirmará que no tiene por qué hacerlo en soledad, ya que existe una enorme comunidad mundial de celíacos. Docenas de grupos de apoyo, blogs y páginas web lo mantendrán al día y confirmarán que tenemos muchas cosas en común. Probablemente lo único que nos gusta más que compartir la última receta para la mejor galleta sin gluten es difundir las últimas investigaciones y consejos para vivir la vida sin gluten en su máximo potencial.

posibles fuentes ocultas de gluten

Muchos de los siguientes alimentos pueden contener gluten. Y para muchos de ellos existen alternativas sin gluten. Lea siempre las etiquetas y, si tiene dudas, contacte con el fabricante.

- aderezos de ensalada comerciales
- agua de cebada sola o aromatizada
- almendras molidas
- aperitivos
- aperitivos de tortilla sazonados
- bebidas de leche malteada
- bebidas gaseosas
- café de máquinas expendedoras
- cerveza (*lager, stout* y *ale*)
- chocolate
- pastillas de consomé o caldo
- embutidos, salchichas, salami
- levadura en polvo
- mezclas de arroz
- mezclas para aderezar
- mostaza en polvo
- nueces tostadas

- palitos de pan
- pan matzá
- patatas chips (a veces se usa harina para blanquearlas)
- pavo preparado
- queso rallado envasado
- quesos para untar
- refrescos de sabores
- salsa de carne
- salsa de soja
- salsa worcestershire
- salsas
- sirope de arroz
- sopas
- suplementos vitamínicos en tabletas
- surimi
- tortillas de maíz
- verduras precocinadas con salsa

alimentos seguros

- aceites y grasas puras
- arroz y arroz salvaje (pero no las mezclas de arroz)
- azúcar
- carne y pescado frescos
- extracto puro de vainilla
- frutas y verduras frescas
- harina de maíz
- hierbas y especias frescas
- huevos
- jarabe de maíz (como Karo)
- legumbres
- levadura fresca y deshidratada
- maíz entero en grano
- mermeladas y jaleas de fruta
- miel
- nueces y semillas solas
- pasta de arroz sin gluten
- productos lácteos (naturales, puros)
- salsa de soja *tamari* sin gluten
- salvado de arroz
- sirope de arce y melaza
- soja y tofu natural (nota: el tofu suele blanquearse con harina)
- tomate en pasta, puré de tomate
- vinagres sin gluten (nota: el vinagre de malta contiene gluten; algunos balsámicos también)

mezclas de harina y pastas sin gluten (SG)

mezcla de harina simple
Este es un buen sustituto básico para la misma cantidad de harina. Si la utiliza para hornear, añada levadura en polvo y otros ingredientes, como lo haría en una receta genérica.

170 g de harina de arroz blanco
100 g de harina de tapioca

85 g de almidón de patata
una pizca de sal

En un cuenco grande, mezcle todos los ingredientes hasta que adquieran una textura homogénea. Utilice según las indicaciones. Conserve hasta dos semanas en un recipiente hermético en un lugar fresco y al resguardo de la luz. No refrigere ni congele.

mezcla de harina leudante
Como la mezcla básica superior, esta puede sustituir las harinas leudantes. Al ser leudante, la levadura en polvo y la goma xantana ya forman parte de la preparación.

170 g de harina de arroz blanco
100 g de harina de tapioca
85 g de almidón de patata

1 cucharadita de goma xantana
1 cucharada de levadura
una pizca de sal

En un cuenco grande, mezcle todos los ingredientes hasta que adquieran una textura homogénea. Utilice según las indicaciones. Conserve hasta dos semanas en un recipiente hermético en un lugar fresco y al resguardo de la luz.

mezcla de harina para galletas
Esta es una preparación básica muy indicada para sus recetas de galletas.

170 g de harina de arroz blanco
110 g de almidón de patata

40 g de harina de tapioca
1 cucharadita de goma xantana

En un cuenco grande, mezcle todos los ingredientes hasta que adquieran una textura homogénea. Utilice según las indicaciones. Conserve hasta dos semanas en un recipiente hermético en un lugar fresco y al resguardo de la luz. No refrigere ni congele.

masa básica de tortitas (*crêpes*)

Esta es una excelente mezcla básica para tortitas, ideal para el consumo diario. Conserve la preparación de harina en un recipiente hermético y simplemente añada el líquido cuando sea necesario.

130 g de harina de arroz blanco
100 g de harina de tapioca
1 cucharada de levadura en polvo
2 cucharaditas de azúcar

una pizca de sal
1 huevo
300 ml de suero de leche o leche de arroz
2 cucharadas de mantequilla o margarina derretida

En un cuenco grande, mezcle los ingredientes secos hasta que adquieran una textura homogénea. En otro mediano, bata el huevo con el suero de leche. Haga un hueco en el centro de los ingredientes secos y añada la preparación de huevo. Remueva ligeramente hasta que se mezclen. Vierta la mantequilla o la margarina derretida. Remueva suavemente para homogeneizar. Vierta a cucharadas sobre la plancha caliente para hacer las tortitas.

masa básica para tartas

No solo es muy sabrosa, sino que también se prepara parcialmente con aceite en lugar de mantequilla, lo que resulta beneficioso para su corazón.

85 g de harina de arroz blanco
60 g de almidón de maíz
30 g de harina de trigo sarraceno o alforfón
una pizca de sal

60 g de mantequilla o margarina
60 ml de aceite de girasol
1 cucharada de agua, y un poco más si se requiere

Engrase un molde desmontable acanalado para tartas. Precaliente el horno a 200 °C. Prepare la masa tamizando las harinas, el almidón de maíz y la sal en un cuenco grande. Añada la margarina e incorpórela con los dedos hasta lograr una textura similar a la del pan rallado. Agregue el aceite y el agua. Mezcle hasta que obtenga una masa lisa. Incorpore más agua si es necesario. No se preocupe por trabajar la pasta en exceso, ya que es mucho más fuerte que la masa habitual. Haga una bola con la masa, aplánela para formar un círculo y colóquela en el molde.

Presione suavemente la masa con los dedos para forrar la base y los laterales del molde. No debe sobresalir del borde del molde. Coloque papel sulfurizado sobre la masa, cúbrala con bolitas cerámicas y hornee a ciegas durante 10 minutos. Retire las bolitas cerámicas y el papel. Hornee 5 minutos más. Saque del horno. Utilice según las indicaciones.

masa de galletas para cubrir tartas

Esta receta para tartas tiene un aspecto estupendo y un sabor sensacional. Es fácil de extender y también funciona como receta de galletas: simplemente déjela más gruesa y recórtela en círculos. Cuando la masa esté extendida, para colocarla sobre la tarta y cubrirla no la enrolle sobre un rodillo, pues esta masa se agrietará si lo hace. Debe extenderla con unos 0,6 cm de grosor y levantarla por un extremo con los dedos para colocarla rápidamente sobre la tarta.

130 g de harina de arroz integral
170 g de almidón de patata
1 cucharadita de goma xantana
1 cucharada de levadura en polvo
1 cucharadita de crémor tártaro
1 cucharadita de bicarbonato
1 cucharadita de azúcar

½ cucharadita de sal
60 g de mantequilla o margarina
1 huevo grande
120 ml de leche o leche de arroz
harina de arroz blanco para espolvorear y extender
1 huevo ligeramente batido para pintar
la cobertura de la tarta

Precaliente el horno a 175 °C y tenga a mano la tarta que quiere cubrir con la masa. Humedezca los bordes de la tarta con un poco de agua y huevo batido. En un cuenco grande, bata la harina de arroz integral, el almidón de patata, la goma xantana, la levadura en polvo, el crémor tártaro, el bicarbonato, el azúcar y la sal hasta que estén bien mezclados. Incorpore la mantequilla o la margarina con un cortapastas o con las manos hasta que adquiera una textura similar al pan rallado. En un cuenco pequeño, bata el huevo junto con la leche. Haga un hueco en el centro de la mezcla de harinas y añada el huevo con la leche. Remueva con una espátula metálica hasta que la preparación se convierta en una masa suave. Haga una bola con la masa y hágala rodar sobre una superficie de trabajo espolvoreada con harina de arroz blanco. Extienda hasta que tenga un grosor de 0,6 cm y colóquela con rapidez sobre la tarta. Presiónela ligeramente con los dedos para sellarla al borde de la tarta; pinte con un poco de huevo batido; haga un agujero con la punta de un cuchillo afilado en el centro para que escape el vapor, y hornee durante unos 25 minutos, hasta que esté dorada y crujiente.

pasta brisa (o masa quebrada) para cubrir tartas

Una vez horneada, esta pasta parece mucho más auténtica que la de masa de galletas para cubrir una tarta, aunque es mucho más difícil de manipular. Se agrieta fácilmente, así que protéjala en la medida de lo posible mientras la estira entre dos hojas de film transparente. Aunque parezca complicado, en realidad no lo es tanto. La masa tiene un sabor muy bueno, y vale la pena hacer el esfuerzo.

85 g de harina de arroz blanco, y un poco
    más para espolvorear
85 g de harina de maíz fina (polenta)
60 g de almidón de patata
30 g de harina de tapioca

1 cucharadita de goma xantana
una pizca de sal
140 g de mantequilla o margarina
1 huevo batido
1-2 cucharadas de agua

En un cuenco grande, mezcle la harina de arroz y la de maíz, el almidón de patata, la harina de tapioca, la goma xantana y la sal hasta conseguir una textura homogénea. Incorpore la mantequilla o la margarina con un cortador de pasta o con los dedos hasta que la mezcla parezca pan rallado. Añada el huevo y el agua suficiente para obtener una masa suave. Forme una bola con los dedos. La masa no debe quedar demasiado húmeda. Enharine un poco la superficie de trabajo con harina de arroz y amase suavemente unas cuantas veces. Envuelva en film transparente y refrigere durante unos 30 minutos antes de usar.

desayunos
y almuerzos

Los desayunos y almuerzos del fin de semana

son el momento ideal para relajarse con la familia y los

amigos, disfrutando de estas delicias dulces o saladas.

Los gofres y las tortitas son todo un clásico para el

desayuno. Con un poco más de imaginación, las variantes

sin gluten son igual de buenas, e incluso mejores.

tortitas clásicas de suero de leche

véanse variaciones en la página 48

Estas tortitas contienen alforfón o trigo sarraceno, que, a pesar del nombre, no tiene nada que ver con el trigo. Son ligeras y esponjosas, y muy saludables.

300 g de harina de arroz blanco
50 g de harina de alforfón o trigo sarraceno
2 cucharaditas de levadura en polvo
½ cucharadita de sal
2 cucharadas de azúcar
1 huevo grande

50 ml de suero de leche
1 cucharadita de extracto de vainilla
2 cucharadas de mantequilla, y un poco más
    para cocinar
azúcar de lustre, sirope de arce y mantequilla,
    para servir

Precaliente el horno a 135 ºC. Tamice las harinas, la levadura y la sal en un cuenco grande; añada el azúcar y mezcle. Haga un hueco en el centro, casque el huevo y agregue el suero de leche y el extracto de vainilla. Remueva desde el centro con una cuchara de madera, incorporando lentamente la harina desde los bordes mientras remueve. No mezcle en exceso y no se preocupe si quedan grumos. Derrita 2 cucharadas de mantequilla en una sartén grande, vuélquela en la masa y remueva un poco para incorporarla. Vuelva a poner la sartén al fuego, agregue un poco de mantequilla y extiéndala por el fondo. Cuando esté caliente, pero no humeando, vierta unas 3 cucharadas de masa en la sartén para obtener una tortita de unos 13 cm de diámetro. Si queda sitio en la sartén, vierta otras 3 cucharadas para obtener otra tortita. Las tortitas deben crepitar y comenzar a burbujear. Cuando los bordes parezcan secos, deles la vuelta. Deben tener un hermoso color dorado. El segundo lado se cocina más rápido que el primero. Colóquelas en una fuente, cúbralas y consérvelas en el horno caliente mientras prepara las demás. Sírvalas espolvoreadas con azúcar de lustre y acompáñelas con mantequilla y sirope de arce.

Para 4 porciones

gofres de pacanas con salsa de caramelo de mantequilla

véanse variaciones en la página 49

Son una elección deliciosa para el desayuno. Gustan a niños y adultos por igual, y se sirven con una deliciosa salsa de caramelo de mantequilla, que también resulta excelente como acompañamiento para la mayoría de los helados.

para la salsa
115 g de mantequilla
3 cucharadas de sirope dorado (*golden syrup*)
230 g de azúcar moreno
240 ml de crema de leche
2 cucharadas de zumo de limón

para los gofres
140 g de harina de arroz blanco
30 g de harina de tapioca
40 g de almidón de patata

2 cucharaditas de levadura en polvo
1 cucharadita de sal
2 cucharaditas de azúcar
40 g de pacanas picadas, y un poco más
    para esparcir
355 ml de suero de leche
1 cucharadita de extracto de vainilla
60 ml de aceite de girasol
2 huevos
mantequilla para cocinar
azúcar de lustre para servir

En primer lugar, prepare la salsa. En una cacerola mediana, derrita la mantequilla a fuego lento. Añada el sirope y el azúcar, y caliente hasta que se disuelva. Agregue la crema de leche y el zumo de limón. Lleve a ebullición, y cocine a fuego lento durante 5 minutos, removiendo ocasionalmente. Reserve para que se enfríe. Sirva caliente o fría. Precaliente la gofrera. En un cuenco grande, tamice las harinas, el almidón de patata, la levadura y la sal. Añada el azúcar y las pacanas. En otro, bata el suero de leche, el extracto de vainilla, el aceite y los huevos. Haga un hueco en el centro de la preparación de harinas e incorpore la mezcla

láctea, batiendo hasta que obtenga una masa lisa. Cuando la gofrera esté caliente, engrásela con un poco de mantequilla y vierta la masa suficiente para apenas cubrir la base. La masa se hinchará y extenderá durante la cocción. Cocine unos 5 minutos, hasta que esté crujiente y dorada.

Reserve en caliente mientras prepara los restantes, y sírvalos inmediatamente espolvoreados con un poco de azúcar de lustre y pacanas picadas, acompañados con la salsa de caramelo de mantequilla.

Para 6 porciones

pastel de manzana holandés

véanse variaciones en la página 50

Las manzanas caramelizadas, rodeadas de una masa gruesa y cubiertas con una cucharada de *crème fraîche*, son una manera maravillosa de comenzar el día.

2 cucharadas de mantequilla
2 cucharaditas de canela en polvo
3 cucharadas de azúcar
4 manzanas ácidas (tipo granny smith) peladas,
    sin corazón y cortadas en láminas finas
35 g de harina de arroz blanco
30 g de harina de tapioca
40 g de almidón de patata

2 cucharaditas de levadura en polvo
¼ de cucharadita de sal
½ cucharadita de goma xantana
3 huevos
180 ml de suero de leche
1 cucharadita de extracto de vainilla
azúcar de lustre y *crème fraîche* para servir

Precaliente el horno a 200 °C. En una sartén grande y refractaria, derrita la mantequilla a fuego medio. Añada la canela y el azúcar, y mezcle bien. Agregue las manzanas en láminas, tape y cueza unos 15 minutos hasta que se ablanden. Ponga la sartén destapada en el horno durante 5 minutos. En un cuenco grande, tamice las harinas, el almidón de patata, la levadura y la sal. Incorpore la goma xantana. En un cuenco mediano, bata los huevos, el suero de leche y la vainilla. Haga un hueco en el centro de la harina y vierta la mezcla láctea. Remueva con una cuchara de madera desde el centro, incorporando lentamente la harina desde los laterales.

Saque la sartén del horno y vuelque la masa. Introdúzcala de nuevo en el horno, destapada, y hornee durante unos 15 minutos, hasta que suba y adquiera un tono dorado. Sirva espolvoreada con azúcar de lustre y una cucharada generosa de *crème fraîche*.

Para 4 porciones

torrijas con almendras cubiertas de fresas

véanse variaciones en la página 51

Esta es la mejor manera de comer torrijas: con almendras y salteadas en mantequilla hasta que estén doradas pero esponjosas en el interior. Cúbralas con fresas para lograr una maravillosa combinación de sabores.

450 g de fresas frescas limpias
110 g de azúcar
90 ml de zumo de naranja recién exprimido
1 cucharadita de ralladura de naranja
1 hogaza de *brioche* de cerezas (*véase* pág. 128)
    preparada el día anterior
4 huevos grandes

150 ml de leche
60 g de azúcar
1 cucharadita de extracto de vainilla
3 cucharadas de almendras fileteadas
2 cucharadas de mantequilla, para cocinar
2 cucharaditas de aceite
azúcar de lustre para servir

En primer lugar, prepare la cobertura de fresas. Corte las fresas en rodajas de 5 mm y póngalas en un cuenco mediano. En una cacerola mediana, mezcle el azúcar con el zumo y la ralladura de naranja y lleve a ebullición, removiendo para que se disuelva el azúcar. Cueza a fuego lento 2 minutos, y vierta sobre las fresas. Reserve para que se enfríe. Corte la hogaza de *brioche* de cerezas en rebanadas de 1 cm de grosor y reserve.

En un cuenco llano, bata los huevos con la leche, el azúcar y el extracto de vainilla. En una sartén grande, caliente la mitad de la mantequilla y el aceite vegetal sin que lleguen a humear. Sumerja cada rebanada en la masa justo antes de freírla y déjela solo unos instantes para que absorba la pasta. Dele la vuelta para que se impregne el otro lado.

Ponga las rebanadas en la sartén caliente, esparza 2 cucharaditas de almendras fileteadas y presione las almendras con una espátula para que penetren en el *brioche*. Cocine unos 2 a 3 minutos, hasta que se doren, y deles la vuelta para que se cuezan por el otro lado. Retire de la sartén y reserve en caliente hasta que termine de cocinar las otras, añadiendo el resto de la mantequilla a la sartén si es necesario. Sírvalas espolvoreadas con azúcar de lustre y la cobertura de fresas.

Para 4-5 porciones

huevos florentinos

véanse variaciones en la página 52

Unos huevos escalfados perfectos, dispuestos sobre espinacas rehogadas en mantequilla y una crujiente galleta de suero de leche, bañados con salsa holandesa casera, constituyen un desayuno equilibrado y sustancioso.

2 yemas de huevo
2 cucharadas de agua caliente
140 g de mantequilla derretida
zumo de ½ limón
sal
una pizca de pimienta de Cayena

60 g de mantequilla para cocinar y untar
85 g de hojas de espinaca frescas
sal y pimienta negra recién molida
4 huevos escalfados
2 galletas de suero de leche
   (*véase* pág. 127)

Para preparar la salsa holandesa, ponga las yemas de huevo en un cuenco de vidrio refractario sobre una cacerola de agua hirviendo a fuego lento. Agregue 2 cucharadas de agua caliente sin dejar de batir. Vierta la mantequilla derretida muy lentamente, pero no añada el residuo lechoso que se encuentra en el fondo de la mantequilla derretida. Bata hasta que haya incorporado toda la mantequilla. Agregue el zumo de limón sin dejar de batir. Salpimiente. Reserve.

En una sartén grande, derrita un poco de mantequilla y añada las espinacas. Remueva hasta que reduzcan su volumen, escurra y salpimiente. Retire del fuego. Mientras tanto, prepare los huevos escalfados. Abra las galletas por la mitad, unte con mantequilla y reparta las espinacas entre ellas, dejando un pequeño hueco en la parte superior para colocar los huevos escalfados, uno sobre cada mitad de galleta. Vierta una cuarta parte de la salsa holandesa sobre cada huevo, y gratínelos durante 1 minuto. Sirva inmediatamente.

Para 2-4 porciones

tortilla de maíz
con huevos y queso

véanse variaciones en la página 53

Rápidos de hacer y muy coloridos, estos envueltos no solo son nutritivos, sino también atractivos y apetecibles para los niños.

6 tortillas de maíz
1 cucharada de mantequilla
170 g de pimiento rojo picado
60 g de cebolla tierna picada
6 huevos grandes
sal y pimienta negra recién molida
140 g de queso cheddar rallado

Caliente las tortillas en una sartén o en el microondas, para que sean más fáciles de enrollar.

En una sartén grande, derrita la mantequilla. Añada el pimiento rojo y rehogue durante 4 minutos. Agregue las cebollas y cueza un minuto más. En un cuenco grande, bata los huevos y salpimiente. Vierta los huevos en la sartén y remueva hasta que comiencen a cuajar. Agregue el queso y continúe removiendo hasta que se funda.

Reparta entre las tortillas y enróllelas. Introduzca en el microondas durante 1 o 2 minutos, justo antes de servir, hasta que estén bien calientes.

Para 4-6 porciones

tortitas de patata
con salmón ahumado

véanse variaciones en la página 54

Estas crujientes y doradas tortitas se suelen consumir en el centro y el este de Europa, acompañadas de crema agria. El salmón ahumado las convierte en un desayuno de lujo.

900 g de patatas
1 cebolla pequeña
1 huevo batido
60 ml de leche caliente

2 cucharadas de harina de arroz blanca
sal y pimienta negra recién molida
aceite vegetal para cocinar
4-5 lonchas de salmón ahumado, para servir

Pele las patatas y la cebolla y rállalas en un cuenco grande. Agregue el huevo batido, la leche, la harina de arroz y mucha sal y pimienta. Mezcle hasta que obtenga una masa espesa. En una sartén grande, caliente una pequeña cantidad de aceite vegetal. Cuando esté caliente, pero no humeante, vierta la masa para formar tortitas de unos 18 cm de diámetro. Cueza durante unos cuantos minutos hasta que estén crujientes y doradas, y deles la vuelta para que se cueza el otro lado. Sirva con las lonchas de salmón ahumado.

Para 4-5 porciones

tortitas saladas de queso y cebolla

véanse variaciones en la página 55

Para los que no somos golosos, las tortitas de queso por la mañana son justo lo que necesitamos. Con proteínas, hidratos de carbono y vegetales, son una elección perfecta para el desayuno.

2 cucharadas de aceite vegetal
1 cebolla pequeña finamente picada
140 g de harina de arroz blanco
50 g de harina de tapioca
30 g de harina de maíz
1 cucharada de levadura en polvo

½ cucharadita de goma xantana
60 g de queso cheddar rallado
2 huevos
180 ml de leche
sal y pimienta negra recién molida

En una sartén grande, caliente el aceite vegetal sin que llegue a humear, añada la cebolla y cueza durante 5 minutos, hasta que esté tierna. Retire la sartén del fuego. Saque la cebolla con una espumadera y reserve hasta que se enfríe ligeramente.

Tamice las harinas, la levadura y la goma xantana en un cuenco grande. Agregue el queso y la cebolla fría, y salpimiente. Haga un hueco en el centro, casque los huevos y añada la leche. Remueva con una cuchara de madera desde el centro, incorporando lentamente la preparación de harinas desde los laterales mientras remueve. No mezcle en exceso. Debe obtener una masa relativamente espesa. Verifique que aún le queda alrededor de 1 cucharada de aceite en la sartén y caliéntelo, pero sin que llegue a humear. Añada la masa a cucharadas y cocine hasta que las tortitas comiencen a formar burbujas en los bordes. Deles la vuelta y cocínelas por el otro lado hasta que se doren. Reserve en caliente mientras prepara el resto. Sirva inmediatamente.

Para 8 porciones

salchichas de cerdo

véanse variaciones en la página 56

Hacer salchichas es mucho más fácil de lo que la gente piensa, y es la mejor manera de asegurarse de que no contengan gluten. Puede comprar la tripa en las carnicerías que preparan sus propias salchichas, u omitirla y formar las salchichas a mano. Si se atreve con una cantidad más grande, doble los ingredientes.

2 kg de carne de cerdo picada
1 cucharada de pimienta blanca molida
1 cucharadita de jengibre molido
1 cucharadita de salvia molida
1 cucharada de macis molido

2 cucharadas de sal
230 g de pan rallado SG o copos de avena
tripa para salchichas, aclarada y escurrida
        sobre papel de cocina

En un cuenco grande, mezcle todos los ingredientes (excepto la tripa) con las manos, distribuyendo las hierbas y especias homogéneamente.

Si tiene un embutidor, coloque la tripa en la posición correcta. El trabajo será más fácil entre dos personas: mientras una hace pasar la carne, la otra guía la tripa, verificando que la carne se distribuya de forma equitativa, para que todas las salchichas tengan el mismo tamaño. Siga hasta terminar con toda la carne. Gire las salchichas para formar las ristras.

Como alternativa, después de mezclar la carne extiéndala sobre una superficie de trabajo enharinada para formar un rollo y córtelo en secciones de 10 o 15 cm de longitud. Refrigérelas o congélelas hasta 3 meses.

Para hacer unos 2 kg

hamburguesas de cerdo con mantequilla de tomates secos

véanse variaciones en la página 57

Todos adorarán estas hamburguesas de cerdo asadas a fuego muy vivo. Sabrosas y saciantes, están repletas de proteínas para mantenerse activo hasta la hora de la comida.

70 g de mantequilla ablandada
60 g de tomates secos finamente picados
700 g de carne de cerdo picada
1 cucharadita de pimienta blanca molida
½ cucharadita de jengibre molido
½ cucharadita de salvia molida

½ cucharadita de macis molido
1 cucharada de sal
60 g de copos de avena o pan rallado SG
1 cucharada de aceite
8 galletas de suero de leche (*véase* pág. 127)

En primer lugar, prepare la mantequilla con los tomates secos. En un cuenco mediano, bata la mantequilla y los tomates secos hasta que estén bien mezclados. Reserve en un sitio fresco para que se solidifique, hasta que esté suficientemente firme para untarla. Prepare la carne. En un cuenco grande, mezcle con las manos la carne picada de cerdo con las especias, la sal y los copos de avena o el pan rallado, asegurándose de que las hierbas y las especias se distribuyan de manera uniforme. Reparta la preparación en 8 porciones y forme 8 hamburguesas. Refrigere hasta el momento de usarlas.

En una sartén grande, caliente un poco de aceite vegetal sin que llegue a humear. Fría las hamburguesas a fuego fuerte durante unos 3 minutos por lado, hasta que estén cocidas. Reserve las primeras en caliente mientras cocina las restantes. Abra las galletas por la mitad, unte cada lado con 1 cucharadita de mantequilla de tomate y coloque la hamburguesa sobre la mitad inferior. Coloque la otra mitad encima y sirva inmediatamente.

Para 8 porciones

minimuffins de jamón y queso

véanse variaciones en la página 58

Nada iguala el aroma de los *muffins* de queso calientes recién sacados del horno.
Derretirán el corazón del más duro y tentarán incluso al más difícil de complacer.

60 g de harina de maíz fina
85 g de harina de arroz integral
30 g de almidón de maíz
2 cucharaditas de levadura en polvo
1 pizca de sal
60 g de queso cheddar rallado fino
2 cucharadas de queso parmesano rallado fino

30 g de jamón picado fino
1 cucharada de romero seco
1 huevo grande
9 cucharadas de suero de leche
3 cucharadas de aceite de girasol
½ cucharadita de mostaza de Dijon

Precaliente el horno a 200 ºC. Coloque las cápsulas de los *muffins* en el molde, o engráselo con un
poco de mantequilla. En un cuenco grande, tamice las harinas, el almidón de maíz, la levadura y la sal.
Añada los quesos, el jamón y el romero. Mezcle bien. En otro cuenco, bata el huevo con el suero,
el aceite de girasol y la mostaza.

Haga un hueco en el medio de los ingredientes secos y vierta la preparación líquida. Remueva con una
cuchara de madera desde el centro, para que se incorpore la harina. No mezcle en exceso ni se preocupe
por los grumos pequeños. Vierta a cucharadas en las cápsulas y hornee de 12 a 15 minutos, hasta que
suban y estén dorados. Sirva mientras estén calientes.

Para 12 unidades

muffins de fresas y coco

véanse variaciones en la página 59

Estos *muffins* son jugosos y están repletos del dulzor de las fresas. Con coco y plátano, la textura queda perfecta.

140 g de harina de arroz blanco
30 g de harina de tapioca
30 g de harina de coco
1 cucharada de levadura
1 cucharadita de goma xantana
¼ de cucharadita de sal
30 g de almendras molidas
30 g de harina de maíz

110 g de azúcar
20 g de coco rallado sin endulzar
2 huevos grandes
270 ml de suero de leche
6 cucharadas de aceite de girasol
2 cucharaditas de extracto de vainilla
1 plátano maduro chafado
170 g de fresas maduras limpias y en láminas

Precaliente el horno a 200 ºC y ponga 12 cápsulas de magdalenas en los moldes. En un cuenco, tamice las harinas de arroz, tapioca y coco, la levadura, la goma xantana y la sal. Incorpore las almendras molidas, la harina de maíz, el azúcar y el coco. En otro cuenco, bata los huevos y añada el suero de leche, el aceite y el extracto de vainilla sin dejar de batir. Incorpore el plátano y las fresas.

Haga un hueco en el centro de los ingredientes secos y agregue rápidamente los húmedos. Mezcle un poco. No se preocupe por los grumos. Vierta en los moldes y hornee de 20 a 25 minutos, hasta que suban y estén dorados y firmes al tacto. Sirva calientes o deje que se enfríen sobre una rejilla.

Para 12 unidades

muffins de arándanos y chocolate blanco

véanse variaciones en la página 60

Los arándanos de estos *muffins* rellenos son una auténtica explosión de sabor al morderlos, y el chocolate blanco le da un toque de dulzor. Por su parte, el plátano los hace más jugosos.

140 g de harina de arroz blanco
80 g de almidón de maíz
1 cucharada de levadura en polvo
una pizca de sal
110 g de azúcar
100 g de harina de maíz
170 g de pepitas de chocolate blanco
    (o chocolate blanco troceado)

110 g de arándanos frescos
2 huevos grandes
6 cucharadas de mantequilla derretida
    y fría
270 ml de suero de leche
2 cucharaditas de extracto de vainilla
1 plátano pequeño maduro chafado

Precaliente el horno a 200 °C y coloque las cápsulas de papel para magdalenas. En un cuenco, tamice la harina de arroz, el almidón de maíz, la levadura y la sal. Incorpore el azúcar, la harina de maíz, el chocolate blanco y los arándanos. En otro cuenco, bata los huevos y agregue la mantequilla derretida, el suero de leche y el extracto de vainilla. Añada el plátano chafado.

Haga un hueco en el centro de los ingredientes secos y agregue rápidamente los húmedos. Mezcle un poco. No importa si quedan unos cuantos grumos o zonas secas. Vierta rápidamente en las cápsulas y hornee de 20 a 25 minutos, hasta que suban y estén dorados y firmes al tacto. Sirva calientes o deje que se enfríen en una rejilla.

Para 12 unidades

muesli para el desayuno

véanse variaciones en la página 61

El cereal de la mañana se prepara rápidamente. Mientras se hornea, con azúcar moreno, nueces y semillas, el aroma es celestial.

280 g de copos de avena
40 g de semillas de sésamo
85 g de semillas de girasol
85 g de semillas de calabaza
110 g de nueces variadas picadas
60 g de coco rallado sin endulzar

85 g de azúcar moreno
150 ml de aceite de girasol
150 ml de agua
¼ de cucharadita de sal
1 cucharadita de extracto de vainilla

Precaliente el horno a 175 ºC.

En un cuenco grande, mezcle la avena, las semillas, las nueces, el coco y el azúcar moreno. En otro mediano, bata el aceite con el agua, la sal y la vainilla. Incorpore la preparación de aceite y agua a los ingredientes secos, mezclando bien, y extiéndala en una bandeja para horno. Hornee de 20 a 30 minutos, removiendo de vez en cuando, hasta que esté crujiente y dorado. Saque del horno, deje que se enfríe y conserve en un recipiente hermético.

Para 6-8 porciones

torrijas de caramelo y pacanas de la víspera

véanse variaciones en la página 62

Este es un plato ideal para preparar en época de vacaciones, cuando su casa esté llena de invitados. Prepárelo el día anterior y asombre a todos por la mañana, cuando el maravilloso aroma de las torrijas invada toda su casa.

230 g de azúcar moreno
115 g de mantequilla
2 cucharadas de sirope dorado (*golden syrup*)
110 g de pacanas picadas
2 hogazas de pan de molde con semillas
   (*véase* pág. 126) cortadas en 18 rebanadas
6 huevos batidos

355 ml de leche
1 cucharadita de extracto de vainilla
1 cucharada de azúcar
1 ½ cucharadita de canela en polvo
½ cucharadita de nuez moscada molida
azúcar de lustre y sirope de arce para servir

Para el caramelo, mezcle el azúcar moreno, la mantequilla y el sirope en una cacerola mediana. Caliente sin dejar de remover, hasta que se derritan y disuelvan. Vierta en un molde rectangular sin engrasar de 22 × 33 cm y esparza la mitad de las pacanas. Disponga la mitad de las rebanadas de pan (SG) en una única capa encima del caramelo, distribuya las pacanas restantes y coloque encima las otras rebanadas de pan. En un cuenco grande, bata los huevos, la leche y la vainilla, y vierta sobre el pan. Presione ligeramente con el dorso de una cuchara para humedecerlo. En un cuenco pequeño, mezcle el azúcar, la canela y la nuez moscada. Espolvoree sobre el pan. Cubra y refrigere de 18 a 24 horas. Precaliente el horno a 175 ºC. Hornee sin cubrir de 30 a 40 minutos, hasta que se dore un poco. Deje que reposen durante 10 minutos. Para servir, saque porciones individuales con una espátula e inviértalas al colocarlas sobre el plato. Espolvoree con azúcar de lustre. Sirva con sirope de arce.

Para 9 porciones

strata de jamón y queso

véanse variaciones en la página 63

Este plato tentador, delicioso y cremoso resulta ideal como parte de un bufé vacacional,
ya que puede prepararse hasta con 24 horas de antelación.

mantequilla, para engrasar	4 cebollas tiernas picadas gruesas
6 rebanadas gruesas de pan de molde con semillas (*véase* pág. 126)	6 huevos grandes ligeramente batidos
	325 ml de leche
230 g de chóped en dados	3 cucharadas de perejil picado fresco
110 g de queso gruyer rallado	1 cucharada de mostaza de Dijon
110 g de queso cheddar rallado	1 cucharada de salsa worcestershire

Engrase con mantequilla una cacerola apta para el horno. Corte las rebanadas de pan en dados. En un
cuenco grande, mezcle el pan, el chóped, los quesos y las cebollas. Añada los huevos, la leche, el perejil,
la mostaza y la salsa worcestershire. Remueva bien. Vierta en la cacerola, tape y refrigere de 20 a 24 horas.

Precaliente el horno a 175 °C. Destape la cacerola y hornee durante unos 45 minutos, o hasta que,
al insertar un cuchillo en el centro, salga limpio. Deje que repose unos 10 minutos antes de servir.

Para 6-8 porciones

variaciones

tortitas clásicas de suero de leche

véase receta en la página 21

tortitas clásicas de suero de leche y pepitas de chocolate
Prepare la receta base. Después de formar cada tortita en la sartén, deje caer unas cuantas pepitas de chocolate sobre cada una, presionándolas ligeramente para que se introduzcan en la masa.

tortitas clásicas de suero de leche, plátano y nueces
Elabore la receta base. Después de formar cada tortita en la sartén, deje caer unas cuantas rodajas de plátano y nueces picadas sobre cada una, presionándolas ligeramente para que se introduzcan en la masa.

tortitas clásicas de suero de leche, cerezas y almendras
Prepare la receta base pero sustituya la vainilla por extracto de almendras. Después de formar cada tortita, añada varias cerezas deshuesadas y troceadas, presionándolas ligeramente para que se introduzcan en la masa. Sirva con 1 lata de 400 g de relleno para tarta de cerezas caliente a modo de salsa en lugar del sirope de arce.

tortitas clásicas de coco sin lácteos
Elabore la receta base, pero sustituya el suero de leche por leche de coco o almendras y la mantequilla por margarina.

variaciones

gofres de pacanas con salsa de caramelo de mantequilla

véase receta en la página 22

gofres de pacanas con salsa de fresas
Prepare la receta base, pero sustituya la salsa de caramelo por salsa de fresas.
Cueza a fuego lento 160 g de fresas frescas picadas con 70 g de azúcar y 1 cucharadita
de extracto de vainilla durante 10 minutos. Retire del fuego, triture y añada 40 g de
fresas frescas troceadas. Mezcle bien, deje que se enfríen y reserve en la nevera.
Sirva calientes o fríos.

gofres de dátiles y nueces con salsa de *toffee*
Elabore la receta base, pero sustituya las pacanas por nueces. Esparza cada porción
con unos cuantos dátiles picados y rocíe con salsa de *toffee*.

gofres de coco con salsa de cerezas
Prepare la receta base, pero sustituya las pacanas por coco rallado sin endulzar.
Reemplace la salsa por 1 lata de 400 g de relleno para tarta de cerezas. Añada también
una cucharada de crema de leche montada, si lo desea.

gofres de jengibre sin lácteos con sirope de arce
Elabore la receta base, pero omita la salsa. Sustituya el suero de leche de la masa
por leche de coco y la mantequilla para cocinar por aceite de girasol. Añada a la
masa 1 cucharadita de jengibre molido y otra de canela en polvo. Sirva con sirope
de arce.

variaciones

pastel de manzana holandés

véase receta en la página 25

pastel de manzana holandés con canela y pasas
Prepare la receta base, pero añada 1 cucharadita de canela en polvo y otra de pasas
a la sartén junto con las manzanas.

pastel de manzana holandés con melocotón y almendras
Elabore la receta base, pero sustituya 1 manzana por 1 melocotón y el extracto
de vainilla por extracto de almendras.

pastel de manzana holandés con pera y piña
Prepare la receta base, pero reemplace 2 manzanas por 1 pera —pelada, sin corazón
y en rodajas— y 2 cucharadas de piña fresca o enlatada escurrida y troceada.

pastel de manzana holandés con moras
Elabore la receta base, pero sustituya 1 manzana por 30 g de moras frescas.

pastel de manzana holandés sin lácteos y con nueces
Prepare la receta base, pero sustituya la mantequilla por margarina y el suero
de leche por leche de almendras. Añada a la masa 2 cucharadas de nueces finamente
picadas.

variaciones

torrijas con almendras cubiertas de fresas

véase receta en la página 26

torrijas con almendras rellenas de arándanos
Prepare la receta base, pero corte el pan SG en rebanadas de 2,5 cm. Haga un corte en cada rebanada para formar un bolsillo y rellénelo con arándanos. Sirva con sirope de arce.

torrijas con pacanas cubiertas de melocotón
Elabore la receta base, pero sustituya las almendras por pacanas picadas. Prepare una cobertura de melocotón. Escurra una lata de 425 g de melocotones en un cuenco. Mezcle el almíbar con 1 cucharada de almidón de maíz y lleve a ebullición. Añada los melocotones picados y deje que se enfríe.

torrijas con almendras cubiertas con arándanos
Prepare la receta base, pero sustituya las fresas por 450 g de arándanos. Añádalos al sirope en la cacerola y cueza a fuego lento durante 3 minutos antes de que se enfríe.

torrijas con almendras y peras con salsa de chocolate
Prepare la receta base, pero sustituya la salsa de fresas por salsa de chocolate (*véase* pág. 254).

torrijas con almendras sin lácteos y con sirope de arce
Prepare la receta base, pero utilice la receta de *brioche* (*véase* pág. 128), y sustituya la leche por leche de arroz y la mantequilla por aceite de girasol. Omita la cobertura de fresas. Sírvalas con unas cuantas almendras y sirope de arce.

variaciones

huevos florentinos

véase receta en la página 29

huevos florentinos con salsa holandesa a la mostaza
Prepare la receta base y añada 1 cucharadita de mostaza de Dijon a la salsa holandesa.

huevos benedictinos
Elabore la receta base, pero sustituya las espinacas por 1 loncha de beicon o jamón ligeramente salteada en un poco de mantequilla y dispuesta sobre cada galleta.

huevos noruegos
Prepare la receta base, pero sustituya las espinacas por 1 loncha de salmón ahumado en cada galleta.

huevos *maryland*
Elabore la receta base, pero sustituya las espinacas por un buñuelo de maíz y cangrejo (*véase* pág. 97) en cada galleta.

tortilla de maíz con huevos y queso

véase receta en la página 30

tortilla de maíz con fruta
Prepare la receta base, pero omita los huevos, la pimienta, la cebolla y el queso.
Mezcle 230 g de queso cottage, 110 g de queso crema y 3 cucharadas de albaricoque
en conserva. Distribuya la preparación entre las tortillas. Prepare unos 340 g de su fruta
favorita y añádala a las tortillas. Enróllelas con fuerza y sírvalas frías.

tortilla de maíz con huevos, salchichas y manzana
Prepare la receta base, pero omita la mantequilla, la pimienta y la mitad del queso.
Ase a la plancha 170 g de carne de salchicha antes de añadir la cebolla y los huevos.
Agregue 1 manzana troceada con el queso. Reparta entre las tortillas y enrolle.

tortilla de maíz con huevos, beicon y queso
Prepare la receta base, pero omita la mantequilla. Fría 6 lonchas de beicon picado
antes de añadir los ingredientes restantes.

tortilla con huevos, espinacas y feta sin lácteos
Prepare la receta base, pero omita la pimienta, la cebolla y el queso. Añada 30 g de
espinacas frescas y 90 g de queso feta troceado (se elabora con leche de oveja u oveja
y cabra), cueza durante 5 minutos y rellene las tortillas.

variaciones

tortitas de patata con salmón ahumado

véase receta en la página 32

tortitas de patata y queso con salchichas

Prepare la receta base y añada 60 g de queso cheddar rallado a la mezcla de patata.
Omita el salmón ahumado y sirva con salchichas de cerdo (*véase* pág. 34).

tortitas de patata y setas con huevo frito

Elabore la receta base, pero agregue 60 g de setas picadas a la mezcla de patata.
Omita el salmón ahumado y sirva con 1 o 2 huevos fritos por ración.

tortitas de patata y manzana con crema acidificada

Prepare la receta base, pero sustituya la cebolla por una manzana granny smith
pelada, sin corazón y rallada. Sirva con una cucharada de crema agria y el salmón
ahumado, si lo desea.

tortitas de patata sin lácteos con cilantro y salsa

Elabore la receta base, pero sustituya la leche caliente por leche de arroz y añada
3 cucharadas de cilantro fresco picado a la mezcla de patatas. En lugar del salmón
ahumado, sirva con salsa mexicana de tomate.

variaciones

tortitas saladas de queso y cebolla

véase receta en la página 33

tortitas saladas de queso y beicon
Prepare la receta base, pero omita el aceite vegetal. Pase por la plancha 4 lonchas de beicon cortadas hasta que estén doradas y crujientes antes de añadir la cebolla. Cuando saque la cebolla y el beicon con la espumadera, deje 1 cucharada de aceite en la sartén.

tortitas saladas de queso, perejil y piñones
Elabore la receta base, pero añada 2 cucharadas de perejil fresco picado y 60 g de piñones a la mezcla de harina.

tortitas saladas de queso, cebolla y avena
Prepare la receta base, pero sustituya 2 cucharadas de harina de arroz blanco por 2 cucharadas de copos de avena.

tortitas saladas de queso, cebolla y chorizo
Elabore la receta base, pero añada 170 g de chorizo cocido y cortado en lonchas a la mezcla de harina.

tortitas saladas de queso y setas sin lácteos
Prepare la receta base. Sustituya el queso y la leche por queso no lácteo y leche de arroz. Añada 60 g de setas picadas a la cebolla.

variaciones

salchichas de cerdo

véase receta en la página 34

salchichas de venado con tomates secos
Prepare la receta base, pero sustituya la carne de cerdo picada por carne de venado picada. Omita el jengibre y añada 4 cucharadas de tomates secos, escurridos y picados.

salchichas de cerdo y berros
Elabore la receta base, pero añada 110 g de berros finamente picados.

salchichas de cordero y romero
Prepare la receta base, pero sustituya la carne de cerdo picada por carne magra de cordero picada. Sustituya el jengibre y el macis por 2 cucharadas de romero seco picado fino.

salchichas de ternera y mostaza
Elabore la receta base, pero sustituya la carne de cerdo picada por carne magra de ternera picada y añada 2 cucharadas de mostaza de Dijon.

salchichas tipo *boerwors*
Prepare la receta base, pero sustituya la mitad de la carne de cerdo por carne magra de ternera picada.

variaciones

hamburguesas de cerdo con mantequilla de tomates secos

véase receta en la página 37

hamburguesas de cerdo en galletas de parmesano con mantequilla de anchoa
Prepare la receta base, pero sustituya los tomates secos por 1 cucharada de anchoas en conserva escurridas y picadas finas. Sirva sobre galletas de parmesano (*véase* pág. 138).

hamburguesas de cerdo y huevos en galletas con mantequilla de tomates secos
Elabore la receta base y añada un huevo frito a cada galleta con una hamburguesa de cerdo.

hamburguesas de cerdo y cebolla en galletas con mantequilla de manzana
Prepare la receta base y agregue 2 cucharadas de cebolla picada a la mezcla de carne. Sustituya la mantequilla de tomate por mantequilla de manzana comercial.

hamburguesas de cerdo y queso en galletas con mantequilla de tomates secos
Elabore la receta base. Corone cada hamburguesa con una loncha de su queso favorito.

variaciones

minimuffins de jamón y queso

véase receta en la página 38

minimuffins de queso y maíz
Prepare la receta base, pero sustituya el jamón por 40 g de maíz en grano.

minimuffins de queso y tomate
Elabore la receta base, pero sustituya el jamón por 2 tomates pelados, sin semillas y troceados.

minimuffins de queso y espárragos
Prepare la receta base, pero sustituya el jamón por 85 g de espárragos hervidos y troceados.

minimuffins de queso y cebolla tierna
Elabore la receta base, pero sustituya el jamón por 2 cucharadas de cebolla tierna picada fina.

minimuffins de queso y calabacín sin lácteos
Prepare la receta base, pero sustituya los quesos cheddar y parmesano por queso cheddar no lácteo, el suero de leche por leche de coco y el jamón por 2 cucharadas de calabacín rallado.

variaciones

muffins de fresas y coco

véase receta en la página 41

muffins de melocotón y nueces de macadamia

Prepare la receta base, pero sustituya el coco y las fresas por 110 g de melocotones
—frescos, pelados, sin hueso y troceados— y 85 g de nueces de macadamia picadas.

muffins de albaricoques y almendras

Elabore la receta base, pero sustituya el coco, las fresas y el extracto de vainilla
por 110 g de albaricoques —frescos o enlatados, pelados, sin hueso y troceados—,
90 g de almendras picadas y 1 cucharadita de extracto de almendras.

muffins de pepitas de chocolate, pacanas y coco

Prepare la receta base, pero sustituya las fresas por 170 g de pepitas de chocolate
y 90 g de pacanas picadas.

muffins sin lácteos de calabaza y nueces

Elabore la receta base, pero sustituya el suero de leche, el plátano, el coco y las
fresas por 90 ml de leche de coco, 170 g de calabaza en conserva, 90 g de nueces
picadas, 1 cucharadita de canela en polvo y otra de especias para tarta de calabaza.
Justo antes de hornear, cubra cada *muffin* con media nuez. Cuando se enfríen,
rocíe con un poco de sirope de arce.

variaciones

muffins de arándanos y chocolate blanco

véase receta en la página 42

muffins de naranja y pepitas de chocolate

Prepare la receta base, pero sustituya los arándanos y el chocolate blanco por 2 cucharaditas de ralladura de naranja y 170 g de chocolate con leche a la naranja troceado o pepitas de chocolate con leche.

muffins de manzana y canela

Omita los arándanos y el chocolate blanco. Sustitúyalos por 110 g de manzana pelada, limpia y rallada y 1 cucharadita de canela.

muffins de cerezas, coco y chocolate blanco

Omita los arándanos y ¼ del chocolate blanco. Sustituya por 110 g de cerezas deshuesadas y troceadas y 20 g de coco rallado.

muffins de zanahoria y piña

Omita los arándanos, el chocolate blanco y el plátano. Sustituya por 85 g de zanahoria rallada fina y 110 g de piña escurrida y triturada.

muffins de frambuesas sin lácteos

Prepare la receta base, pero sustituya la mantequilla, el suero de leche, los arándanos y el chocolate blanco por margarina, leche de coco y 110 g de frambuesas frescas.

variaciones

muesli para el desayuno

véase receta en la página 45

muesli para el desayuno con frutos del bosque, frambuesas y sirope de arce
Prepare la receta base, pero añada 60 g de frutos del bosque deshidratados al muesli
al sacarlo del horno. Sirva con frambuesas frescas y sirope de arce.

muesli para el desayuno con pan de jengibre
Elabore la receta base, pero añada 3 cucharadas de jengibre y 1 cucharadita de canela
molidos a los ingredientes secos.

muesli para el desayuno con nueces de macadamia
Prepare la receta base, pero sustituya la mezcla de nueces por 60 g de nueces de macadamia
picadas gruesas y 85 g de pasas.

muesli para el desayuno con manzana y almendras
Elabore la receta base, pero sustituya la preparación de nueces por almendras picadas
y la vainilla por extracto de almendras. Añada 170 g de manzana deshidratada troceada
cuando saque el cereal del horno.

muesli para el desayuno con dátiles y nueces de California
Prepare la receta base, pero sustituya la mezcla de nueces por nueces picadas.
Agregue 85 g de dátiles troceados cuando saque el cereal del horno.

variaciones

torrijas de caramelo y pacanas de la víspera

véase receta en la página 46

torrijas de caramelo, plátano y nueces de la víspera
Prepare la receta base, pero sustituya las pacanas por nueces y añada 2 plátanos en rodajas a la primera capa de pan en el molde.

torrijas de caramelo, pera y pepitas de chocolate de la víspera
Elabore la receta base, pero agregue 60 g de pera —pelada, limpia y troceada, fresca o en conserva— y 85 g de pepitas de chocolate sobre la primera capa de pan en el molde.

torrijas de caramelo, albaricoques y almendras de la víspera
Prepare la receta base, pero sustituya las pacanas por almendras fileteadas y el extracto de vainilla por extracto de almendras. Añada 60 g de albaricoques en conserva escurridos y troceados a la primera capa de pan en el molde.

torrijas de caramelo, piña y coco de la víspera sin lácteos
Elabore la receta base, pero sustituya la mantequilla y la leche por margarina y leche de almendras. Agregue 60 g de piña escurrida y triturada y 30 g de coco rallado sin endulzar a la primera capa de pan en el molde.

variaciones

strata de jamón y queso

véase receta en la página 47

strata de beicon y tomate
Prepare la receta base, pero sustituya el jamón por beicon cocido y añada 4 tomates
sin semillas y troceados.

strata de salchichas y pimiento
Elabore la receta base, pero sustituya el jamón por salchichas cocidas y agregue
½ pimiento rojo en rodajas.

strata mexicanos con guindilla
Prepare la receta base, pero sustituya el jamón por chorizo cocido y troceado.
Añada 2 tomates sin semillas y troceados y 1 o 2 guindillas finamente picadas.

strata de cangrejo
Elabore la receta base, pero sustituya el jamón por 340 g de cangrejo en conserva
o fresco.

strata de atún a la nizarda sin lácteos
Prepare la receta base, pero sustituya los quesos y la leche por 110 g de queso cheddar
no lácteo y leche de arroz. Sustituya el jamón por 170 g de atún en conserva escurrido y
añada 2 tomates sin semillas y troceados y unas cuantas aceitunas negras, deshuesadas
y cortadas por la mitad.

aperitivos
y entrantes

Los platos de este capítulo son muy versátiles.

Son adecuados para servir con las bebidas

antes de la comida, para abrir el apetito antes

de una comida festiva, como tentempié al mediodía

o incluso como cena.

bruschetta de tomate

véanse variaciones en la página 94

El ajo, la albahaca y el aceite de oliva junto con los tomates son una combinación mediterránea clásica. Este es un entrante muy fácil de preparar.

6–7 tomates pera
3 cucharadas de cebolla roja picada fina
2 dientes de ajo grandes majados
2 cucharadas de albahaca fresca picada
2–3 cucharadas de aceite de oliva
½ cucharadita de vinagre de sidra

sal y pimienta negra recién molida
½ cucharadita de azúcar
4 panecillos blandos (*véase* pág. 116)
unas ramas de cilantro fresco o albahaca
    para servir

En primer lugar, pele los tomates. Haga un corte alrededor del centro con un cuchillo y colóquelos en un cuenco grande. Cubra con agua hirviendo y deje que reposen 3 minutos. Escurra el agua y pélelos con cuidado porque estarán calientes. Corte los tomates por la mitad y retire las semillas pasando el dedo por el centro.

Corte los tomates en trozos y póngalos en un cuenco mediano con la cebolla, el ajo, la albahaca, 1 cucharada de aceite de oliva, vinagre de sidra, sal, pimienta y azúcar. Mezcle bien. Tape y refrigere durante 1 hora. Precaliente el grill. Abra los panecillos en horizontal. Unte ambos lados de cada mitad con un poco de aceite de oliva, y gratine por ambos lados durante un minuto más o menos, o hasta que estén ligeramente dorados. Disponga en un plato para servir y reparta bien la mezcla de tomates sobre el pan. Decore con unas cuantas ramas de cilantro o albahaca y sirva de inmediato.

Para 8 rebanadas

champiñones rellenos de queso azul

véanse variaciones en la página 95

Los champiñones rellenos con una mezcla de escalonias, queso azul y pan rallado se hornean hasta que el queso comienza a dorarse. Puede prepararlos con antelación y hornearlos en el momento necesario.

6 champiñones grandes y planos
60 g de mantequilla
2 escalonias picadas finas
170 g de queso azul desmenuzado

30 g de pan rallado SG o harina de maíz
  granulada
1 cucharada de perejil fresco picado
sal y pimienta recién molida

Precaliente el horno a 175 ºC. Retire con cuidado los pies de los champiñones. Trocéelos finos. Limpie los sombreros con papel de cocina húmedo.

En una sartén mediana, derrita la mitad de la mantequilla y añada los pies de los champiñones junto con las escalonias. Rehogue de 5 a 7 minutos, hasta que se ablanden. Retire del fuego y deje que se enfríen durante 5 minutos. Agregue el queso azul, el pan rallado, el perejil, y sal y pimienta al gusto.

Ponga el resto de la mantequilla en un recipiente refractario e introdúzcalo en el horno durante 3 minutos para que se caliente. Reparta la mezcla de queso entre los champiñones y colóquelos en el recipiente. Hornee durante 20 minutos, hasta que se calienten y el queso comience a dorarse.

Para 4 raciones

koftas de cordero

véanse variaciones en la página 96

Rebozadas con perejil fresco y menta, estas deliciosas *koftas* de cordero se pueden asar, cocinar a la plancha o en una barbacoa al exterior.

510 g de carne magra de cordero picada
1 cucharadita de comino molido
2 cucharaditas de cilantro molido
1 cucharada de cilantro fresco picado
1 cucharada de menta fresca picada
1 cucharada de harina de garbanzos

2 dientes de ajo majados
sal y pimienta fresca recién molida
aceite para untar
2 cucharadas de perejil fresco picado
2 cucharadas de menta fresca picada

En un cuenco grande, mezcle con las manos el cordero, el comino, el cilantro molido, el cilantro picado, la menta, la harina, el ajo, la sal y la pimienta. Compruebe que las hierbas y las especias se distribuyan de manera uniforme. Haga 8 bolas y aplánelas con la mano para que adquieran una forma ovalada.

Ensártelas en 4 broquetas metálicas, 2 en cada una, presionando la carne alrededor de las broquetas. Mezcle el perejil y la menta picados en un plato. Unte las *koftas* con aceite y rebócelas en la preparación de hierbas. Refrigere hasta el momento de cocinar.

Precaliente el grill, la barbacoa o la plancha. Cocine unos 3 o 4 minutos por cada lado, hasta que estén cocidas. Sirva inmediatamente con *tzatziki* (*véase* pág. 96).

Para 4 porciones

buñuelos de maíz

véanse variaciones en la página 97

Probablemente tendrá todos los ingredientes de los buñuelos en su cocina, así que será un plato que podrá elaborar en cualquier momento. Son crujientes en el exterior, pero con una deliciosa textura en el interior. Sirva estos buñuelos con salsa de guindilla dulce (*véase* pág. 194).

340 g de maíz en grano dulce, fresco o congelado
2 huevos ligeramente batidos
1 plátano grande chafado
4 cucharadas de cebolla tierna picada
1 cucharadita de comino molido
1 cucharada de cilantro fresco picado
½ cucharadita de guindilla seca picada

sal y pimienta negra recién molida
70 g de harina de arroz blanco
65 g de harina de arroz integral
1 cucharadita de levadura en polvo
4-6 cucharadas de aceite vegetal, para freír
hojas de espinaca, tomates troceados
    y salsa de guindilla, para servir

En un cuenco grande, ponga el maíz, el huevo y el plátano chafado. Añada las cebollas tiernas, el comino, el cilantro y la guindilla. Salpimiente. Incorpore las harinas y la levadura. Mezcle con cuidado hasta que obtenga una masa líquida.

En una sartén grande, caliente el aceite sin que llegue a humear, y vierta cucharadas de la preparación en la sartén, una cada vez. Fría durante 1 o 2 minutos por lado, hasta que se doren. Saque de la sartén con una espumadera y escurra sobre papel de cocina, manteniéndolos en caliente mientras fríe el resto. Para servir, disponga unas cuantas hojas de espinaca fresca y tomates troceados en un plato y coloque los buñuelos encima, acompañados de un pequeño cuenco de salsa de guindilla dulce.

Para 4-6 porciones

falafel con *tzatziki*

véanse variaciones en la página 98

Este entrante bajo en calorías es crujiente en el exterior y suave por dentro. Resulta realmente delicioso con *tzatziki*, una salsa de yogur con menta.

1 frasco de garbanzos de 500 g bien escurridos
1 cebolla mediana picada fina
2 dientes de ajo majados
½ cucharadita de pasta de *harissa*
3 cucharadas de perejil fresco picado

1 cucharadita de cilantro molido
1 cucharadita de comino molido
2 cucharadas de harina de garbanzos
sal y pimienta negra recién molida
aceite vegetal para freír

Seque los garbanzos con papel de cocina. Ponga todos los ingredientes (a excepción del aceite vegetal) en un robot de cocina y tritúrelos. (También puede triturar los garbanzos en un cuenco con un tenedor e incorporar los ingredientes restantes.) Forme 4 bolas con la preparación.

Ponga 8 cm de aceite en una cacerola mediana. Cuando esté caliente, pero no humeante, añada las croquetas de *falafel* y fría durante 3 o 4 minutos, hasta que se doren. Deje que se escurran sobre papel de cocina durante 2 minutos. Sirva con *tzatziki* (*véase* pág. 96).

Para 4-6 porciones

sopa picante de calabaza y zanahoria

véanse variaciones en la página 99

Nada mejor que un cuenco de sopa picante bien caliente un día desapacible de otoño.
Incluso el color es un reflejo de la estación.

1 calabaza mediana
2 zanahorias grandes
2 cucharadas de aceite de oliva
1 cebolla grande picada fina
3 dientes de ajo majados
1 cucharadita de comino molido

2 cucharadas de hojas frescas de tomillo
2 cucharaditas de guindilla seca picada
1 l de caldo de pollo de calidad
sal y pimienta negra recién molida
2 cucharadas de queso parmesano rallado,
    para servir

Pele la calabaza, saque las semillas y corte la carne en dados de unos 2,5 cm. Pele y corte en rodajas
las zanahorias. Reserve ambas hortalizas.

En una cacerola grande, a fuego medio, caliente el aceite de oliva. Añada la cebolla y el ajo.
Cueza durante 5 minutos, hasta que se ablanden. Incorpore el comino, el tomillo, la guindilla,
la calabaza, las zanahorias y el caldo de pollo. Tape y cueza a fuego lento durante 45 minutos,
hasta que las hortalizas se ablanden.

Salpimiente. Deje que se enfríe ligeramente, y triture en un robot de cocina hasta que esté homogénea.
Cuando esté lista para servir, vuelva a calentarla en la cacerola. Cuando hierva, sírvala inmediatamente,
espolvoreada con un poco de parmesano.

Para 6 raciones

hamburguesitas de arroz y queso

véanse variaciones en la página 100

Estas hamburguesitas se desharán en su boca.

250 g de arroz de grano largo
1 cucharada de aceite de oliva, y un poco más
6 cebollas tiernas en rodajas
170 g de queso cheddar rallado

1 cucharadita de mostaza de Dijon
sal y pimienta negra recién molida
50 g de harina de arroz blanco
cebollas tiernas para servir

Ponga el arroz en una cacerola grande, cubra con agua y lleve a ebullición. Cueza a fuego lento durante 10 minutos. Escurra, pero no enjuague, ya que el arroz debe quedar un poco pegajoso. Reserve. En una sartén grande, caliente 1 cucharada de aceite, añada las cebollas y rehogue durante 2 minutos, hasta que estén tiernas. Retire del fuego y pase las cebollas a un cuenco grande con la ayuda de una espumadera. Agregue el arroz, el queso y la mostaza de Dijon. Salpimiente.

Mezcle la harina de arroz en un plato llano con sal y pimienta. Con las manos húmedas, forme 12 hamburguesitas con la preparación de arroz hervido y reboce con la harina de arroz condimentada. Añada un poco más de aceite a la sartén y fría las hamburguesitas a fuego medio durante unos cuantos minutos por cada lado, hasta que se doren. Escurra sobre papel de cocina y reserve en caliente mientras se fríen las restantes. Antes de servir, esparza las cebollas tiernas cortadas en rodajas.

Para 6 hamburguesitas

quesadillas con chorizo

véanse variaciones en la página 101

Una auténtica explosión de sabor con cada mordisco. Prepare una cantidad importante, ya que desaparecerán rápidamente.

110 g de mozzarella rallada
110 g de queso tipo Monterey Jack rallado
230 g de chorizo sin piel troceado
4 cebollas tiernas picadas finas
2 guindillas verdes frescas sin semillas
    y picadas finas

sal y pimienta negra recién molida
10 tortillas de maíz
1 cucharada de aceite vegetal, y un poco
    más si es necesario
crema agria y salsa de aguacate
    (*véase* pág. 100), para servir

En un cuenco grande, ponga los quesos, el chorizo, las cebollas tiernas y las guindillas. Salpimiente. Reparta la mezcla entre 5 tortillas y cubra con las restantes.

En una sartén grande, caliente 1 cucharada de aceite vegetal. Añada una quesadilla antes de que humee. Cueza, presionando con una espátula, durante unos 5 minutos. La parte inferior debe estar crujiente y un poco dorada. Dé la vuelta a la quesadilla y cueza el otro lado hasta que el queso se derrita. Retire de la sartén y reserve en caliente mientras cocina el resto, agregando más aceite a la sartén si es necesario. Sirva con crema agria y salsa de aguacate.

Para 5 quesadillas

tempura de salmón

véanse variaciones en la página 102

Este es un plato de influencia japonesa. La masa de *tempura* debe quedar ligera y esponjosa, crujiente y sin restos de aceite. Prepárela justo antes de usarla.

para el aliño
60 ml de salsa de soja
60 ml de vino chino (*mirin*)
1 cucharadita de salsa de rábanos picantes

230 g de filete de salmón sin piel ni espinas
sal y pimienta negra recién molida
60 g de harina de maíz
70 g de harina de arroz blanco
240 ml de agua con gas helada
35 g de harina de arroz blanco para el salmón
aceite de girasol, para freír

Prepare el aliño mezclando la salsa de soja, el *mirin* y la salsa de rábanos picantes en un cuenco pequeño. Reserve.

Corte el salmón en trozos del tamaño de un bocado. Salpimiente. En un cuenco grande, mezcle la harina de maíz, la harina de arroz y más sal. Añada la cantidad suficiente de agua con gas para conseguir una masa espesa. No remueva en exceso ni se preocupe por los grumos pequeños.

En una sartén grande o *wok*, caliente unos 8 cm de aceite sin que llegue a humear. Reboce el salmón con harina de arroz y sumérjalo después en la masa. Fría en el aceite. No llene la sartén en exceso. Fría durante 2 o 3 minutos. Retire los trozos de salmón con una espumadera para que se escurran y reserve en caliente mientras fríe el resto. Sirva acompañados con el aliño.

Para 4-6 porciones

bhajis de cebolla con harina de garbanzos

véanse variaciones en la página 103

Suelen servirse como primer plato en una comida al estilo de la India, pero constituyen
un maravilloso aperitivo para cualquier ocasión.

2 cucharaditas de semillas de comino

2 cucharaditas de semillas de cilantro

2 guindillas verdes

3 dientes de ajo majados

1 cucharadita de sal

2 cucharaditas de jengibre fresco finamente picado

230 g de harina de garbanzos

1 cucharadita de cúrcuma molida

2 cebollas grandes cortadas en rodajas finas

3 calabacines grandes rallados gruesos

2-3 cucharadas de agua helada

aceite de girasol para freír

Triture las semillas de comino y cilantro en un mortero o con el dorso de una cuchara. En un cuenco
grande, mézclalas con las guindillas, el ajo, la sal, el jengibre, la harina, la cúrcuma, las cebollas
y los calabacines. Añada suficiente agua helada hasta conseguir una mezcla de consistencia
relativamente fluida (debe mantenerse ligada, pero caer de una cuchara como una bola pesada).
No agregue demasiada agua o serán difíciles de freír.

Caliente 8 cm de aceite en una cacerola mediana. Antes de que llegue a humear, vierta cucharadas
de masa y fría unos 5 minutos, o hasta que se doren. No llene demasiado la cacerola. Retire con una
espumadera para eliminar el exceso de aceite y escurra sobre papel de cocina. Reserve en caliente
mientras fríe el resto. Sirva con *tzatziki* (*véase* pág. 96).

Para 4 porciones

tarta de setas silvestres y *crème fraîche*

véanse variaciones en la página 104

La combinación de setas, cebollas y ajo siempre resulta convincente, y cuando se mezcla con *crème fraîche*, aún mejor.

1 base de tarta SG de 20 cm (*véase* pág. 17)
5 cucharadas de mantequilla
2 cebollas grandes en rodajas
60 g de azúcar moreno
6 cucharadas de vinagre de vino tinto
2 dientes de ajo majados

350-450 g de setas variadas, como *shiitakes*, setas de cardo, champiñones botón y de campo
3 cucharadas de perejil fresco picado
240 ml de *crème fraîche*
4 huevos ligeramente batidos
sal y pimienta negra recién molida

Hornee la masa a ciegas en un molde de tarta de fondo desmontable acanalado. Mientras tanto, prepare el relleno. En una sartén grande, derrita 3 cucharadas de mantequilla y fría las cebollas durante 20 minutos a fuego medio. Suba el fuego y fría 8 o 10 minutos más, hasta que se comiencen a dorar. Incorpore el azúcar y el vinagre, y cueza a fuego lento durante 5 minutos, hasta que reduzca el vinagre y la mezcla adquiera una consistencia espesa. Retire del fuego y reserve. En otra sartén, derrita la mantequilla restante. Agregue el ajo y las setas, y cocine a fuego suave unos 5 minutos, removiendo de vez en cuando. Retire del fuego y añada el perejil.

Deje que repose durante 5 minutos. Baje la temperatura del horno a 190 °C y extienda la preparación de cebolla sobre la base de la tarta. Escurra las setas y repártalas sobre las cebollas.

En un cuenco grande, bata los huevos junto con la *crème fraîche* hasta que adquiera una textura homogénea. Salpimiente, y vierta con cuidado en la tarta, sin que se desborde. Hornee durante 25 minutos, hasta que cuaje y se dore. Deje que se enfríe un poco, retire del molde y sirva inmediatamente.

Para 4-6 porciones

croquetas de bacalao y abadejo

véanse variaciones en la página 105

Las croquetas ideales tienen un exterior crujiente y un interior suave. Estas son saciantes, su aporte calórico es bajo y también resultan económicas.

230 g de filete de bacalao sin piel ni espinas
230 g de filete de abadejo sin piel ni espinas
240 ml de leche
2-3 hojas de laurel
340 g de patatas
1 cucharada de crema de leche espesa
1 cucharadita de ralladura de limón

2 cucharadas de perejil fresco picado
sal y pimienta recién molida
35 g de harina de arroz blanco
1 huevo batido
130 g de harina de maíz granulada
4 cucharadas de aceite vegetal
berros, gajos de limón y mayonesa para servir

En una sartén grande, lleve a ebullición los pescados junto con la leche y el laurel. Baje el fuego, tape y cueza durante 5 minutos. Retire del fuego y deje que repose 10 minutos. Saque el pescado de la leche con una espumadera para escurrirlo y colóquelo sobre un plato para que se enfríe ligeramente.

Mientras tanto, pele las patatas y córtelas en trozos. Colóquelas en una cacerola grande, cubra con agua hirviendo y cocine a fuego lento durante unos 15 minutos, o hasta que estén tiernas. Escurra y deje que se enfríen unos 2 o 3 minutos en el colador. Póngalas de nuevo en la cacerola al fuego con el menor calor posible durante 2 minutos para que se sequen. Cháfelas con un tenedor hasta que obtenga un puré ligero y esponjoso. Incorpore la crema de leche, la ralladura de limón y el perejil. Salpimiente.

Seque el pescado con papel de cocina y desmenúcelo en trozos grandes. Incorpórelo a la masa de patatas con cuidado, intentando no romperlo en exceso. Reserve para que se enfríe.

Ponga la harina de arroz en un plato grande, el huevo en otro y la harina de maíz en un tercero. Espolvoree sus manos con harina de arroz y forme 4 croquetas de unos 2,5 cm de grosor. Rebócelas en harina de arroz y luego cúbralas con huevo. Finalmente, rebócelas en la harina de maíz presionando ligeramente para que se adhiera bien a la superficie. Colóquelas en a un plato limpio, tape y deje que se enfríen de 30 minutos a 24 horas.

Caliente el aceite vegetal en una sartén grande. Antes de que humee, fría las croquetas de pescado unos 5 minutos por lado, o hasta que estén crujientes y doradas. Sirva inmediatamente con berros, algunos gajos de limón y un montoncito de mayonesa.

Para 4 porciones

suflé de queso

véanse variaciones en la página 106

Ideal como entrante o almuerzo, este suflé debe prepararse con rapidez y consumirse enseguida.

mantequilla derretida, para pincelar
2 cucharadas de mantequilla
2 cucharadas de harina de arroz blanco
150 ml de leche caliente
60 g de queso cheddar rallado

½ cucharadita de mostaza de Dijon
sal y pimienta negra recién molida
3 yemas de huevo
4 claras de huevo

Pincele con mantequilla derretida el interior de un molde para suflé de 1 litro o de 15 cm de diámetro. Corte una tira de papel sulfurizado suficientemente larga para rodear el exterior del molde, solapándolo unos 3 o 5 cm y 2 u 8 cm más alto que el molde. Pegue o ate la tira con seguridad alrededor del molde. Pincele con mantequilla derretida la parte del papel que sobresalga del molde. Precaliente el horno a 190 ºC.

En una cacerola grande, derrita la mantequilla. Incorpore la harina y cueza unos 2 minutos sin dejar de remover. Retire del fuego y añada gradualmente la leche caliente, mientras sigue removiendo, hasta que la mezcla quede homogénea. Ponga la cacerola en el fuego y lleve a ebullición, sin dejar de remover, hasta que espese. Baje el fuego y añada el queso, la mostaza, la sal y la pimienta. Retire del fuego y deje que se enfríe. Incorpore las yemas de huevo. Ponga el molde de horno en la parte media del horno. Bata las claras de huevo en un cuenco limpio hasta que espesen. Incorpore 2 cucharadas de clara a la preparación fría con una cuchara metálica para ahuecarla, y, a continuación, incorpore el resto de las claras, trazando la figura de un ocho con la cuchara. Tenga la precaución de mover la mezcla desde el fondo de la cacerola. Vierta la preparación en el molde de suflé con una cuchara, coloque sobre la bandeja del horno y hornee de 30 a 40 minutos, o hasta que cuaje y adquiera un color dorado. Sirva inmediatamente.

Para 4-6 porciones

satay de pollo con salsa de cacahuetes

véanse variaciones en la página 107

Si busca una manera distinta de preparar el pollo, aquí la tiene. La salsa de cacahuete es especiada sin resultar demasiado picante. Puede cocinar el pollo en la barbacoa en lugar de utilizar el grill, si lo prefiere.

para el pollo
3 pechugas de pollo sin piel y deshuesadas
1 cucharada de miel
1 cucharada de salsa de soja
1 pizca de pimienta de Cayena
1 diente de ajo majado
1 cucharadita de jengibre fresco finamente picado

para la salsa de cacahuetes
2 dientes de ajo majados
2 cucharaditas de jengibre fresco finamente picado
1 cucharadita de comino molido
1 cucharadita de cilantro molido
2 cucharadas de zumo de lima recién exprimido
2 cucharadas de azúcar moreno claro
1 cucharadita de pasta de guindilla roja
230 g de crema de cacahuete sin trozos
2 cucharadas de agua

Corte el pollo en tiras y reserve. En un cuenco grande, mezcle la miel, la salsa de soja, la pimienta, el ajo y el jengibre. Añada el pollo. Rebócelo en el adobo, tape y refrigere al menos 1 hora y, si es posible, varias. Para preparar la salsa de cacahuete, ponga todos los ingredientes en un robot de cocina y tritúrelos hasta que se mezclen bien. Si la salsa queda demasiado espesa, añada un poco más de agua. Viértala en un cuenco para servir y refrigere tapado.

Precaliente el grill. Saque el pollo del adobo y ensártelo en broquetas metálicas, formando una «S». Colóquelas a unos 8 cm del grill y hornee durante unos 3 o 4 minutos por lado, hasta que esté cocido pero aún tierno. Sirva inmediatamente con la salsa de cacahuete.

Para 6 porciones

paté de macarela ahumada

véanse variaciones en la página 108

La macarela es muy sabrosa y contiene muchos ácidos grasos omega-3. Añada la salsa de rábanos picantes al gusto, ya que algunas son más intensas que otras.

3 filetes (unos 230 g) de macarela ahumada,
    sin piel ni espinas
70 g de queso crema
70 g de nata acidificada
1 cucharada de zumo de limón o al gusto

2 cucharaditas de salsa de rábanos picantes
    o al gusto
sal y pimienta negra recién molida
1 hogaza de pan de molde con semillas tostado
    (*véase* pág. 126) para servir

Verifique cuidadosamente que no queden espinas en el pescado. Ponga todos los ingredientes en el robot de cocina y accióne unas cuantas veces hasta que se mezclen. Salpimiente, y añada un poco más de zumo de limón o salsa de rábanos picantes si es necesario. Pase el paté a un cuenco, tape y refrigere entre 4 horas y 4 días. Para servir, unte en rebanadas de pan tostado.

Para 4 porciones

berenjenas rellenas de cangrejo

véanse variaciones en la página 109

Asombre a sus amigos con unas berenjenas rellenas con cebolla, tomate y cangrejo desmenuzado, para un entrante poco habitual o un almuerzo ligero.

2 berenjenas (de unos 15 cm cada una)
sal
1 cucharada de aceite, y un poco más
    para cocinar
2 cebollas medianas en rodajas finas
2 cucharaditas de pimentón
1 cucharada de pasta de tomate
230 g de tomates maduros, sin piel ni semillas
    y cortados en rodajas

1 cucharadita de orégano seco
1 pizca de pimienta de Cayena
sal y pimienta negra recién molida
170-200 g de carne de cangrejo, en lata o fresca,
    desmenuzada
2 cucharadas de queso parmesano rallado
2 cucharadas de queso gruyer rallado
1-2 cucharadas de mantequilla derretida

Abra las berenjenas por la mitad a lo largo, haga unos cortes en la carne, espolvoree con sal y deje que reposen unos 30 minutos. Precaliente el horno a 175 °C. En una sartén grande, caliente 1 cucharada de aceite. Seque las berenjenas, corte la superficie marrón y retírela, y colóquelas en una fuente de horno engrasada. Hornee durante unos 10 minutos, hasta que estén tiernas. Añada un poco más de aceite a la sartén y rehogue las cebollas durante 5 minutos, hasta que se ablanden. Agregue el pimentón, la pasta de tomate, los tomates, el orégano y la pimienta de Cayena. Sazone al gusto, y continúe cocinando a fuego lento, de 10 a 15 minutos, hasta que la mezcla se convierta en una salsa espesa.

Saque las berenjenas del horno y suba la temperatura a 220 °C. Retire la carne de las berenjenas cocidas, córtela y añádala a la preparación en la sartén. Cocine durante 5 minutos. Desmenuce la carne de cangrejo, añada a la sartén y mezcle bien. Rellene las pieles de las berenjenas con la preparación, espolvoree con los quesos y la mantequilla derretida. Hornee unos 6 o 7 minutos, hasta que se doren.

Para 4 porciones

variaciones

bruschetta de tomate

véase receta en la página 65

bruschetta mixta de tomate y cilantro
Prepare la receta base, pero sustituya los tomates pera por una selección de tomates de distintos colores (amarillos, verdes y naranjas). Reemplace la albahaca por cilantro.

bruschetta de atún, tomate y aceitunas
Elabore la receta base, pero añada a la mezcla de tomate 60 g de atún en conserva escurrido y 2 cucharadas de aceitunas negras sin hueso y troceadas.

bruschetta mexicana
Prepare la receta base, pero agregue 2 guindillas medianas, sin semillas y finamente picadas, a la mezcla de tomate. Sustituya la albahaca por cilantro.

bruschetta de jamón y tomate
Prepare la receta base, pero incorpore una loncha de chóped de cerdo a cada mitad de panecillo antes de cubrir con la preparación de tomate.

variaciones

champiñones rellenos de queso azul

véase receta en la página 66

champiñones rellenos de queso azul y espinacas
Prepare la receta base, pero añada 40 g de espinacas hervidas y picadas a la mezcla en la sartén.

champiñones rellenos de queso azul con salsa de arándanos rojos
Prepare la receta base. Para la salsa de arándanos rojos, mezcle 2 cucharadas de aceite de oliva, 1 cebolla roja pequeña picada muy fina, 3 cucharadas de vino tinto, 1 cucharada de vinagre de sidra, 7 cucharadas de azúcar moreno, 1 cucharada de mermelada de grosellas rojas y 60 g de arándanos rojos en una cacerola mediana. Cocine durante 7 minutos. Sirva caliente o fría.

champiñones rellenos de queso azul al aroma de trufas
Prepare la receta base, pero sustituya la mantequilla por aceite al aroma de trufas.

champiñones rellenos de queso azul y jamón de Parma
Prepare la receta base, pero añada 60 g de jamón de Parma picado a la mezcla en la sartén.

champiñones rellenos de queso azul y tomates secos
Prepare la receta base, pero agregue 60 g de tomates secos picados a la mezcla en la sartén.

variaciones

koftas de cordero

véase receta en la página 69

koftas de cordero con cúrcuma y pimentón
Prepare la receta base, pero sustituya el comino molido y el cilantro por 2 cucharaditas de cúrcuma molida y una de pimentón.

koftas de cordero con *tzatziki*
Elabore la receta base. Sirva con *tzatziki* preparado con la mezcla de 340 g de yogur al estilo griego con ½ pepino rallado grueso, 2 dientes de ajo majados, 1 cucharada de zumo de limón, 1 cucharada de menta fresca picada y 1 cucharadita de aceite de oliva. Puede prepararlo con antelación y refrigerarlo, o servirlo inmediatamente después de elaborarlo.

koftas de cordero y fruta
Prepare la receta base, pero añada 2 cucharadas de pasas a la mezcla de cordero.

koftas de *tafta*
Elabore la receta base, pero sustituya el cordero por carne magra de ternera picada. Forme entre 10 y 12 albóndigas con la mezcla. Caliente 2 cucharadas de aceite de oliva en una sartén grande y fría durante unos 15 minutos, hasta que estén cocidas. Sirva con *tzatziki* (*véase* superior) y arroz, si lo desea.

variaciones

buñuelos de maíz

véase receta en la página 70

buñuelos de maíz y cangrejo
Prepare la receta base, pero sustituya 85 g de maíz por la misma cantidad de cangrejo fresco o enlatado. Reemplace el cilantro por perejil.

buñuelos de maíz y aguacate
Elabore la receta base, pero reemplace el plátano por 1 aguacate maduro pelado, deshuesado y finamente troceado.

buñuelos de guisantes
Prepare la receta base, pero sustituya el maíz por guisantes congelados.

buñuelos de maíz y pimiento
Elabore la receta base, pero añada 1 cucharada de pimiento rojo finamente picado y otra de pimiento verde picado fino a la mezcla antes de cocinar.

buñuelos tailandeses de maíz
Prepare la receta base, pero agregue 1 cucharadita de jengibre fresco picado y 2 de pasta de curry roja tailandesa a la mezcla antes de cocinar.

variaciones

falafel con *tzatziki*

véase receta en la página 73

falafel con cilantro

Prepare la receta base, pero sustituya el perejil por cilantro. Forme hamburguesitas con *falafel* y fríalas en una sartén unos 3 o 4 minutos por cada lado. Sirva envueltas en tortillas de maíz con pepino y tomate troceados.

falafel con *hummus*

Elabore la receta base. Para preparar el *hummus*, escurra los garbanzos de un frasco de 500 g. Reserve el líquido. Triture los garbanzos con 60 ml de su líquido, 4 cucharadas de zumo de limón, 4 cucharaditas de pasta *tahini*, 2 dientes de ajo majados, 2 cucharaditas de pimentón, ½ cucharadita de sal y 3 o 4 cucharadas de aceite de oliva. Omita el *tzatziki*.

falafel con piñones

Prepare la receta base, pero añada 40 g de piñones a la mezcla.

falafel de habas

Elabore la receta base, pero sustituya los garbanzos por habas y el perejil por cilantro.

variaciones

sopa picante de calabaza y zanahoria

véase receta en la página 74

sopa picante de calabaza y patata
Prepare la receta base, pero añada 230 g de patatas peladas y troceadas a la cacerola con las hortalizas.

sopa al curry de calabaza y chirivía
Elabore la receta base, pero agregue 1 o 2 chirivías peladas y troceadas y 2 cucharaditas de curry en polvo a la cacerola con las hortalizas. Sustituya el aderezo de perejil y parmesano por cilantro fresco picado.

sopa picante de calabaza con picatostes de queso
Prepare la receta base. Para los picatostes de queso, unte 240 ml de salsa de queso (*véase* pág. 224) sobre rebanadas de pan de molde con semillas (*véase* pág. 126). Cubra con una cantidad abundante de queso cheddar y dore en el grill. Corte en tiras y sirva caliente junto con la sopa.

sopa picante de calabaza y pasta
Elabore la receta base. Veinte minutos antes de finalizar la cocción, añada 110 g de conchas de pasta a la cacerola. Sirva sin triturar.

variaciones

hamburguesitas de arroz y queso

véase receta en la página 77

hamburguesitas de arroz y queso con guindilla
Prepare la receta base, pero añada a la mezcla 2 cucharadas de cilantro fresco picado
y 1 guindilla picada muy fina.

hamburguesitas de arroz y queso con gambas
Elabore la receta base, pero incorpore 85 g de gambas cocidas y troceadas.

hamburguesitas de arroz y queso con salsa de aguacate
Prepare la receta base y sirva con salsa de aguacate. Pele y deshuese un aguacate
y córtelo en trozos. Mezcle con 2 tomates pelados y sin semillas, ½ cebolla pequeña
roja finamente troceada, 1 cucharada de cilantro fresco picado, 2 cucharadas
de zumo de lima recién exprimido, una pizca de guindilla seca picada, 1 cucharadita de
azúcar, sal y pimienta fresca recién molida. Sirva inmediatamente.

hamburguesitas de arroz, espárragos y queso
Elabore la receta base, pero añada a la mezcla 85 g de espárragos hervidos y troceados.

hamburguesitas de arroz, tomate y queso
Prepare la receta base, pero agregue a la mezcla 1 tomate sin piel ni semillas.

variaciones

quesadillas con chorizo

véase receta en la página 79

quesadillas con alubias negras
Prepare la receta base, pero sustituya el chorizo por 170 g de alubias negras.

quesadillas con espinacas y setas
Elabore la receta base, pero omita el chorizo. Sustituya por 90 g de espinacas hervidas, frías y troceadas, y 85 g de setas troceadas salteadas 5 minutos en un poco de mantequilla.

quesadillas con queso de cabra y espárragos
Prepare la receta base, pero omita la mozzarella y el chorizo. Reemplace por 110 g de queso de cabra troceado y 170 g de espárragos hervidos y troceados.

quesadillas con pollo y mango
Elabore la receta base, pero sustituya el chorizo por pollo hervido y troceado. Añada a la mezcla 60 g de mango maduro troceado.

quesadillas con cebolla caramelizada
Prepare la receta base, pero sin chorizo. Fría a fuego suave 2 cebollas en rodajas en 2 cucharadas de aceite durante unos 20 minutos, añada 3 cucharadas de azúcar moreno y cocine unos 10 minutos más, hasta que se caramelice. Añada a las quesadillas.

variaciones

tempura de salmón

véase receta en la página 80

tempura de gambas
Prepare la receta base, pero añada a la masa 30 g de coco rallado sin endulzar y sustituya el salmón por gambas grandes, limpias y sin cabezas. Sumérjalas en la masa, excepto la cola.

tempura de calabacín
Elabore la receta base, pero sustituya el salmón por 230 g de calabacines cortados en tiras delgadas.

tempura de mahi mahi
Prepare la receta base, pero reemplace el salmón por 230 g de mahi mahi (u otro pescado blanco).

tempura de boniato
Elabore la receta base, pero sustituya el salmón por 230 g de boniato pelado y cortado en tiras delgadas.

tempura de setas
Prepare la receta base, pero reemplace el salmón por 230 g de setas en láminas.

variaciones

bhajis de cebolla con harina de garbanzos

véase receta en la página 83

bhajis de coliflor y cebolla con harina de garbanzos
Prepare la receta base, pero sustituya la mitad de la cebolla por 230 g de ramitos
de coliflor.

bhajis de zanahoria y apio con harina de garbanzos
Elabore la receta base, pero reemplace las cebollas por 230 g de zanahorias peladas
y cortadas en rodajas finas y 230 g de apio en rodajas.

bhajis de patata y cebolla con harina de garbanzos
Prepare la receta base, pero sustituya 1 cebolla por 230 g de patatas peladas y cortadas
en rodajas muy finas.

bhajis de pimiento y cebolla con harina de garbanzos
Elabore la receta base, pero reemplace 1 cebolla por 2 pimientos, sin semillas
y cortados en rodajas muy finas.

bhajis de setas y cebolla con harina de garbanzos
Prepare la receta base, pero sustituya dos terceras partes de la cebolla por 60 g
de setas en láminas muy finas.

variaciones

tarta de setas silvestres y *crème fraîche*

véase receta en la página 84

tarta de setas silvestres, beicon y *crème fraîche*
Prepare la receta base, pero añada 4 lonchas de beicon cocinado y troceado fino
a la mezcla de cebolla.

tarta de setas silvestres, gambas y *crème fraîche*
Elabore la receta base, pero agregue 40 g de gambas cocidas a la tarta con la mezcla
de cebolla.

tarta de setas silvestres, espárragos y *crème fraîche*
Prepare la receta base, pero añada 40 g de espárragos cocidos y troceados a la tarta
con la mezcla de cebolla.

tarta de setas silvestres, parmesano y *crème fraîche*
Elabore la receta base, pero incorpore 30 g de parmesano rallado a la tarta
con la mezcla de cebolla.

tarta de setas silvestres, salchichas y *crème fraîche*
Prepare la receta base, pero añada a la tarta con la mezcla de cebolla 40 g
de salchichas troceadas y cocinadas. .

variaciones

croquetas de bacalao y abadejo

véase receta en la página 86

croquetas de bacalao y tilapia con salsa tártara
Prepare la receta base, pero sustituya el abadejo por tilapia. Para elaborar la salsa
tártara, mezcle en un cuenco pequeño 170 g de mayonesa con 2 cucharadas de
alcaparras escurridas y picadas, la misma cantidad de pepinillos encurtidos picados,
1 cucharadita de zumo de limón, 3 cucharadas de perejil fresco picado, sal y pimienta
negra recién molida. Refrigere hasta el momento de servir.

croquetas de cangrejo tailandesas
En lugar de la receta base, triture 1 paquete de galletas de arroz en un robot de cocina
hasta que estén muy finas. Ponga la mitad en un plato. Añada al robot 340 g de
carne de cangrejo. Pique 2 guindillas, 6 cebollas tiernas, 4 hojas de lima *kafir* tailandesa
y un manojo pequeño de cilantro junto con 4 cucharadas de mayonesa, 3 cucharaditas
de salsa de pescado y 2 huevos batidos. Triture y mezcle bien. Forme las croquetas,
pase por las galletas trituradas y fría cada lado durante 4 minutos.

croquetas de salmón
Prepare la receta base, pero sustituya el bacalao y el abadejo por salmón sin piel
ni espinas.

variaciones

suflé de queso

véase receta en la página 89

suflé de queso y escalonias
Prepare la receta base, pero añada 2 escalonias picadas finas (salteadas en un poco de mantequilla hasta que estén tiernas) a la salsa con las yemas de huevo.

suflé de setas y escalonias
Elabore la receta base, pero omita el queso y la mostaza. Pique bien 230 g de setas y 2 escalonias finas, saltéelas en un poco de mantequilla hasta que estén tiernas y añádalas.

suflé de queso y cebollino
Prepare la receta base, pero añada 3 cucharadas de cebollino picado a la salsa junto con las yemas de huevo.

suflé de salmón ahumado
Elabore la receta base, pero omita el queso y la mostaza. Añada 340 g de salmón picado muy fino a la salsa con las yemas de huevo.

suflé de espinacas y escalonias
Prepare la receta base, pero omita el queso y la mostaza. Agregue a la salsa, con las yemas de huevo, 110 g de espinacas hervidas, frías y picadas muy finas y 2 escalonias salteadas y bien picadas.

variaciones

satay de pollo con salsa de cacahuetes

véase receta en la página 90

satay de cordero con salsa de cacahuetes
Prepare la receta base, pero sustituya el pollo por tiras de carne magra de cordero.

satay vegetariano con salsa de cacahuetes
Elabore la receta base, pero reemplace el pollo por trozos de proteína de soja texturizada.

satay de ternera con salsa de cacahuetes
Prepare la receta base, pero sustituya el pollo por tiras de ternera magra o filete.

pinchos vegetarianos con salsa de cacahuetes
Elabore la receta base, pero reemplace el pollo por trozos de hortalizas, como calabacín, pimiento rojo y verde, cebolla roja y berenjena.

variaciones

paté de macarela ahumada

véase receta en la página 92

paté de macarela ahumada con cebollas tiernas y eneldo
Prepare la receta base, pero añada 2 cucharadas de cebollas tiernas picadas finas y 2 cucharaditas de eneldo fresco al robot de cocina.

paté de salmón ahumado
Elabore la receta base, pero sustituya la macarela por salmón ahumado.

paté de trucha ahumada sin lácteos
Prepare la receta base, pero reemplace la macarela por trucha ahumada y el queso crema y la crema agria por queso crema no lácteo y mayonesa.

paté de macarela ahumada en pepinos
Elabore la receta base. Pele 2 pepinos, córtelos y retire las semillas. Rellene el hueco con paté y sírvalos fríos, espolvoreados con un poco de pimentón.

variaciones

berenjenas rellenas de cangrejo

véase receta en la página 93

berenjenas rellenas de piñones y canela
Prepare la receta base, pero sustituya el cangrejo y el pimentón por 110 g de piñones
y 2 cucharaditas de canela en polvo.

berenjenas rellenas con apio y queso cheddar
Elabore la receta base, pero reemplace el cangrejo por 170 g de apio picado hervido
y 60 g de queso cheddar rallado.

berenjenas rellenas con guindilla y alubias
Prepare la receta base, pero sustituya el cangrejo por 170 g de alubias variadas
hervidas y 2 cucharaditas de guindillas picadas finas.

berenjenas rellenas de anacardos y garbanzos
Elabore la receta base, pero reemplace el cangrejo por 170 g de garbanzos
y 60 g de anacardos picados.

berenjenas rellenas de quinua y coco
Prepare la receta base, pero sustituya el cangrejo por 230 g de quinua hervida
y 30 g de coco rallado sin endulzar.

panes y levaduras

En este capítulo encontrará una serie de panecillos, panes, panes de fruta y masas para pizza que, por supuesto, no contienen gluten. Si en algún momento le sobra pan casero sin gluten, conviértalo en pan rallado en un robot de cocina. Puede conservarlo en una bolsa sellada y etiquetada en el congelador hasta tres meses.

masa para pizza básica rápida

véanse variaciones en la página 129

Esta masa de pizza tiene un sabor muy auténtico y se prepara con rapidez. Es una receta muy útil si tiene intolerancia a la levadura fresca.

40 g de almidón de patata
40 g de harina de arroz dulce
100 g de harina de arroz blanco
1 cucharadita de goma xantana

1 cucharadita de levadura en polvo
¼ de cucharadita de sal
1 cucharadita de aceite de oliva
120 ml de agua

Precaliente el horno a 200 °C.

Ponga todos los ingredientes en un robot de cocina y procese hasta obtener una masa suave. Si la mezcla parece demasiado seca, añada un poco de agua, y si está demasiado pegajosa, agregue un poco más de harina de arroz. La masa debe quedar lisa y manejable.

Pásela a una bandeja de horno algo engrasada, espolvoree con harina de arroz y forme una base de pizza redonda de 18 cm de diámetro extendiéndola con los dedos. Hornee durante unos 5 minutos. Retire y cubra con salsa de pizza (*véase* pág. 112) y los demás ingredientes antes de que termine la cocción.

Para 1 base de pizza

pizza de *pepperoni* con masa de levadura

véanse variaciones en la página 130

Esta masa es tan buena que apenas se dará cuenta de que no es la habitual.

para la salsa
1 cucharada de aceite de oliva
1 cebolla pequeña picada fina
1 lata de 500 g de tomates
   en conserva troceados
1 pastilla de caldo de verduras
   o de pollo
2 cucharaditas de salsa de soja
2 cucharaditas de salsa
   worcestershire
1 cucharadita de azúcar
4 cucharadas de pasta de tomate
sal y pimienta negra recién
   molida

para la masa de levadura
1 cucharadita de azúcar
150 ml de agua tibia
1 cucharada de levadura seca
70 g de harina de arroz
   integral
50 g de harina de tapioca
50 g de harina de arroz blanco,
   y un poco más para
   espolvorear
una pizca de sal
2 cucharadas de goma xantana
1 ½ cucharaditas de gelatina
   en polvo neutra

2 cucharaditas de hierbas
   variadas secas
1 cucharadita de aceite de oliva
1 cucharadita de vinagre de sidra

para la cobertura
6 cucharadas de queso cheddar
   rallado
10 rodajas de *pepperoni*
85 g de mozzarella en rodajas
1 puñado de hojas de albahaca
   frescas picadas

Para preparar la salsa, caliente el aceite en una cacerola mediana y rehogue la cebolla hasta que se ablande. Añada los tomates troceados, la pastilla de caldo, la salsa de soja, la salsa worcestershire, el azúcar y la pasta de tomate. Cueza a fuego lento hasta que espese. Salpimiente.

Mientras tanto, para preparar la masa, disuelva el azúcar en el agua tibia. Espolvoree la levadura y deje que repose de 10 a 15 minutos, hasta que forme espuma. Precaliente el horno a 200 ºC.

En el cuenco de un batidor de mano, y utilizando la cuchilla normal, no la de masa, mezcle las harinas, la sal, la goma xantana, la gelatina en polvo y las hierbas a velocidad lenta. Añada el líquido con la levadura, el aceite y el vinagre. Incorpore hasta que se forme una masa suave. Si la masa queda pegajosa, agregue más harina de arroz. Si está demasiado seca, añada un poco de agua.

Ponga la masa en una bandeja de horno engrasada, espolvoree con harina de arroz, y forme una base de pizza redonda de unos 25 cm de diámetro, extendiéndola con los dedos. Hornee durante 10 minutos. Retire del horno y cubra la masa con unas 5 cucharadas de la salsa de tomate. Distribuya por encima la mitad del queso y las rodajas de *pepperoni*. Añada las rodajas de mozzarella, las hojas de albahaca y el cheddar restante. Introduzca de nuevo en el horno 10 minutos más, o hasta que la masa esté cocida y el queso se derrita y se dore.

Para 1 pizza

focaccia de ajo y tomillo

véanse variaciones en la página 131

La *focaccia* es un pan italiano plano, rápido de hacer y que desaparece a la misma velocidad.

mantequilla, para engrasar
harina de maíz, para espolvorear
1 cucharadita de azúcar
120 ml de agua caliente (45 ℃)
1 sobre de levadura seca
100 g de harina de sorgo
70 g de harina de tapioca
70 g de harina de arroz blanco
85 g de almidón de patata
2 cucharaditas de goma xantana
1 cucharadita de sal

1 huevo grande a temperatura ambiente,
    ligeramente batido
4 cucharadas de aceite de oliva, y un poco
    más para rociar
1 cucharada de miel
1 cucharadita de vinagre de sidra
2 dientes de ajo picados muy finos
2 cucharaditas de tomillo seco
1 cucharadita de sal marina gruesa
1 diente de ajo picado fino

Engrase un molde de 20 cm de diámetro con mantequilla y espolvoree la base con harina de maíz. Disuelva el azúcar en el agua caliente y espolvoree la levadura. Deje unos 15 minutos hasta que forme espuma.

En un cuenco grande, mezcle las harinas, el almidón de patata, la goma xantana y la sal. Haga un hueco en el centro y vierta el líquido con la levadura, el huevo, el aceite, la miel, el vinagre, el ajo y el tomillo. Incorpore hasta que se forme una masa pegajosa y viértala a cucharadas en el molde. Haga unas marcas en la superficie con los dedos. Espolvoree con sal marina y ajo, y rocíe con un poco de aceite de oliva. Tape con un trapo y deje que repose en un lugar cálido durante 30 minutos para que suba.

Precaliente el horno a 190 ℃. Hornee el pan de 20 a 25 minutos, o hasta que esté dorado y firme. Retire del horno, deje que se enfríe unos cuantos minutos y páselo a una rejilla hasta que se enfríe.

Para 0 porciones

panecillos blandos

véanse variaciones en la página 132

Resulta sorprendente, pero estos panecillos tienen el tacto y el sabor del pan auténtico.
La masa es muy blanda, por lo que es mejor hacer panecillos en lugar de barras.

50 g de harina de tapioca	60 g de almendras molidas
70 g de harina de arroz blanco	1 cucharadita de azúcar
170 g de almidón de patata	2 cucharaditas de goma xantana
60 g de almidón de maíz	2 sobres de levadura seca
1 ½ cucharaditas de sal	355 ml de agua caliente (45 ºC)
60 g de harina de maíz fina	2 cucharadas de aceite de oliva

Precaliente el horno a 200 ºC. Engrase y enharine una bandeja de horno. En un robot de cocina, mezcle las harinas de tapioca y arroz, los almidones de patata y maíz y la sal. Añada la harina de maíz, las almendras molidas, el azúcar, la goma xantana y la levadura. Accione la máquina para mezclar. En una jarra de medir, incorpore bien el agua caliente con el aceite de oliva. Vierta dos terceras partes del líquido en el robot y pulse 3 o 4 veces. Agregue la mitad del líquido restante y pulse brevemente otra vez. Ahora añada el líquido, cucharada a cucharada, hasta que la masa adquiera la consistencia adecuada: debe mantener la forma y apenas caer de la cuchara.

Ponga cucharadas de la preparación en la bandeja de horno, dando forma de panecillo redondo a la masa y alisando la superficie con el dorso de una cuchara mojada. Hornee de 15 a 20 minutos, hasta que suban, se doren y estén cocidos. Deje que se entibien sobre una rejilla. No los corte mientras estén calientes o se hundirán. Es recomendable servirlos calientes. Estos panecillos se conservan 24 horas en un recipiente hermético y pueden congelarse hasta 1 mes.

Para 6-7 porciones

pan de soda irlandés

véanse variaciones en la página 133

Este pan tiene la ventaja de que se prepara con mucha rapidez. Se puede elaborar justo antes del almuerzo, quizá para acompañar una sopa o una ensalada. En cuanto el suero de leche se mezcla con el bicarbonato, comienza a reaccionar, así que debe trabajar rápidamente, aunque sin amasar en exceso.

450 g de mezcla de harinas SG (*véase* pág. 16)
2 cucharaditas de goma xantana
1 cucharadita de sal

1 cucharadita de bicarbonato sódico
240 ml, y 2 cucharadas más de suero de leche

Precaliente el horno a 175 °C y engrase ligeramente una bandeja de horno.

En un cuenco grande, mezcle la harina, la goma xantana, la sal y el bicarbonato. Haga un hueco en el centro y vierta el suero de leche, y mezcle ligeramente con un tenedor para obtener una masa suave. Si queda demasiado seca, añada un poco más de suero de leche, y si está demasiado pegajosa, agregue un poco más de harina. Vuelque la masa sobre una superficie de trabajo enharinada y amase un par de veces para formar una bola grande.

Póngala en la bandeja de horno y realice un corte profundo en forma de cruz sobre la superficie. Así la masa subirá mejor. Hornee de 35 a 40 minutos, o hasta que suba del todo y adquiera un color dorado claro. Deje que se enfríe sobre una rejilla antes de cortarlo.

Para 1 hogaza

pan de maíz mexicano picante

véanse variaciones en la página 134

Este pan de maíz picante es realmente colorido y está especialmente indicado para acompañar un plato de picante. Puede contener la cantidad que usted desee de guindilla suave o muy picante.

280 g de harina de maíz
1 cucharadita de sal
1 cucharadita de levadura en polvo
1 cucharadita de bicarbonato sódico
110 g de cebollas tiernas (solo la parte verde picada muy fina)
110 g de queso cheddar rallado fino

1 o 2 guindillas rojas, suaves o picantes, picadas muy finas
2 huevos
470 ml de suero de leche
1 lata de 400 g de crema de maíz
60 ml de aceite de oliva

Precaliente el horno a 190 ºC y engrase un molde rectangular de 22 × 33 cm.

En un cuenco grande, mezcle la harina de maíz con la sal, la levadura, el bicarbonato sódico, las cebollas tiernas, el queso y las guindillas. En otro cuenco, bata los huevos con el suero de leche, la crema de maíz y el aceite de oliva. Haga un hueco en el centro de la preparación sólida y vierta rápidamente la de huevo y suero de leche. Mezcle ligeramente, vuelque en el molde y hornee durante 25 minutos, o hasta que esté dorado y cocido. Deje que se enfríe en el molde durante 10 minutos y después póngalo sobre una rejilla para que se enfríe.

Para 1 hogaza

pan de frutos secos variados

véanse variaciones en la página 135

Esta deliciosa receta resulta excelente como pastel o como pan de frutas.

85 g de manzana deshidratada
40 g de orejones de albaricoque troceados
40 g de dátiles secos troceados
40 g de arándanos rojos deshidratados
85 g de frutos secos variados
1 cucharada de melaza
120 ml de zumo de manzana, caliente
    pero sin que llegue a hervir
30 g de pacanas picadas
35 g de harina de arroz blanco
30 g de almidón de maíz

30 g de almendras molidas
40 g de almidón de patata
1 cucharadita de goma xantana
1 cucharadita de levadura en polvo
2 cucharaditas de canela en polvo
1 cucharadita de nuez moscada molida
60 g de mantequilla ablandada
140 g de azúcar moreno
2 huevos grandes
la ralladura de 1 naranja y 1 limón
110 g de puré de manzana

En un cuenco grande, ponga toda la fruta con la melaza. Añada el zumo de manzana, tape y deje marinar toda la noche a temperatura ambiente. Al día siguiente, precaliente el horno a 175 ºC. Engrase dos moldes para pan de 900 g. En otro cuenco grande, mezcle las pacanas, la harina, el almidón de maíz, las almendras molidas, el almidón de patata, la goma xantana, la levadura, la canela y la nuez moscada.

En otro cuenco, bata la mantequilla junto con el azúcar moreno. Agregue los huevos, uno a uno, batiendo bien entre cada adición. Incorpore la preparación de harinas, la ralladura de naranja y de limón, el puré de manzana y la mezcla de frutas. Mezcle muy poco. Reparta la preparación entre los moldes y hornee durante alrededor de 1 hora, o hasta que, al insertar un palillo en el centro de cada hogaza, salga limpio. Deje que se enfríe en el molde durante 10 minutos y vuelque para que se enfríen del todo sobre una rejilla.

Para 2 hogazas

pan de plátano, dátiles y nueces

véanse variaciones en la página 136

El plátano y la miel de este pan contribuyen a conservar la humedad, y el sabor se realza gracias a los dátiles y las nueces.

6 cucharadas de mantequilla sin sal ablandada,
   y un poco más para engrasar
110 g de azúcar blanquilla
255 g de mezcla de harinas SG (*véase* pág. 16)
½ cucharadita de sal
2 cucharaditas de goma xantana
2 cucharaditas de levadura en polvo

¼ de cucharadita de bicarbonato sódico
3 plátanos medianos (2 muy maduros)
60 ml de suero de leche
2 huevos grandes batidos
60 g de dátiles secos picados finos
60 g de nueces picadas finas

Precaliente el horno a 175 ºC. Engrase un molde de pan de 450 g y espolvoree con harina. En un cuenco grande, bata la mantequilla junto con el azúcar hasta que esté cremosa. En un cuenco aparte, mezcle los ingredientes secos. En un tercer cuenco, machaque los 2 plátanos muy maduros con el suero de leche.

Añada gradualmente los huevos batidos a la preparación de mantequilla con azúcar. Agregue los plátanos triturados y los ingredientes secos, y mezcle un poco. No incorpore en exceso. Corte el tercer plátano y añádalo a la masa junto con los dátiles y las nueces, removiendo suavemente, justo para mezclar. Vierta la masa en el molde y hornee en la parte central del horno durante unos 40 minutos, o hasta que, al introducir un palillo en el centro, salga limpio. Deje que se enfríe en el molde durante 10 minutos. A continuación, vuelque y deje que se enfríe por completo sobre una rejilla antes de cortar el pan en rebanadas.

Para 1 hogaza

pan de molde con semillas

véanse variaciones en la página 137

Se trata de un pan con mucho sabor, repleto de semillas, con una textura impresionante
y que aportará interés a cualquier sándwich.

1 cucharadita de azúcar
355 ml de agua caliente (45 °C)
1 sobre de levadura seca
340 g de mezcla de harinas SG (*véase* pág. 16)
2 cucharaditas de goma xantana
1 cucharadita de sal

3 huevos
1 cucharada de miel
1 cucharada de aceite de oliva
1 cucharadita de vinagre de sidra
3 cucharadas de mezcla de semillas
    (amapola, mijo, lino, sésamo, etc.)

Disuelva el azúcar en el agua caliente, espolvoree la levadura y deje que repose de 10 a 15 minutos,
hasta que forme espuma. En un cuenco grande, mezcle la preparación de harinas con la goma xantana
y la sal. En otro cuenco, bata los huevos, la miel, el aceite y el vinagre hasta que estén espumosos. Haga un
hueco en el centro de la harina y vierta el líquido con la levadura, la preparación de huevo y 2 cucharadas
de semillas. Mezcle con el batidor eléctrico durante 4 minutos. Vierta en el molde, tape con un trapo
y deje que fermente hasta que la masa sobrepase 2,5 cm el borde del molde.

Precaliente el horno a 190 °C. Esparza las semillas restantes en la parte superior de la hogaza y hornee
de 50 a 60 minutos. Retire del horno y deje que se enfríe en el molde durante 10 minutos. Saque la hogaza
y deje que se enfríe sobre una rejilla antes de cortarla en rebanadas.

Para 1 hogaza

galletas de suero de leche

véanse variaciones en la página 138

Estas galletas son esponjosas, ligeras y muy versátiles.

110 g de harina de arroz integral
85 g de almidón de maíz
40 g de almidón de patata
70 g de harina de arroz blanco, y un poco
    más para espolvorear
1 cucharadita de goma xantana
4 cucharaditas de levadura en polvo
1 cucharadita de bicarbonato sódico

1 cucharadita de crémor tártaro
1 cucharadita de sal
5 cucharadas de mantequilla sin sal
    (reservada 2 horas en el congelador)
240 ml de suero de leche
1 huevo
1 huevo mezclado con 1 cucharada de agua
    para pincelar

Precaliente el horno a 220 °C. Forre 2 bandejas de horno con papel sulfurizado y engrase con un poco de aceite vegetal. En un cuenco grande, mezcle bien los ingredientes secos. Saque la mantequilla del congelador y rállela directamente sobre la preparación de harina. Incorpore todo con un cortapastas o con los dedos hasta conseguir una textura de pan rallado. En un cuenco pequeño, bata el suero con el huevo. Haga un hueco en el centro de la harina y vierta el suero de leche con el huevo, removiendo ligeramente con un tenedor justo hasta que se mezclen. Ponga una lámina de film transparente sobre la superficie de trabajo, coloque la masa encima y cubra con otra capa de film. Estire la masa suavemente con el rodillo, con el film, hasta que tenga un grosor de 2 cm, y retire la capa superior de film. Espolvoree la masa con un poco de harina de arroz blanco. Engrase un cortapastas de 6 cm y corte todas las galletas que pueda; vuelva a estirar la masa si es necesario. Coloque las galletas en las bandejas del horno y pincele con un poco de glaseado de huevo. Introdúzcalas en el horno, baje la temperatura de inmediato a 200 °C y hornee de 15 a 18 minutos. Sírvalas calientes, o congélelas en cuanto se hayan enfriado; se conservan hasta 1 mes.

Para unas 12 galletas

brioche de cerezas

véanse variaciones en la página 139

Esta hogaza al estilo francés, rica en mantequilla, es ideal para el desayuno.
También resulta excelente para hacer torrijas.

1 cucharadita de azúcar
120 ml de leche caliente (45 °C)
1 sobre de levadura seca
110 g de almidón de maíz
50 g de harina de arroz blanco
40 g de harina de tapioca
40 g de almidón de patata
2 cucharaditas de goma xantana

1 cucharadita de sal
5 cucharadas de mantequilla derretida y fría
2 huevos
2 cucharadas de miel
2 cucharaditas de extracto de vainilla
140 g de cerezas deshidratadas
1 cucharada de azúcar moreno

Disuelva el azúcar en la leche caliente, espolvoree la levadura y deje que repose de 10 a 15 minutos, hasta que forme espuma. En un cuenco grande, mezcle los almidones y las harinas, la goma xantana y la sal. En otro cuenco, bata la mantequilla derretida, los huevos, la miel y el extracto de vainilla. Haga un hueco en el centro de la preparación de harinas y vierta la de leche y levadura. Mezcle bien. Incorpore las cerezas deshidratadas. Ponga la masa en un cuenco engrasado, dele la vuelta, cubra con film transparente y deje que fermente a temperatura ambiente durante 1 hora. Engrase un molde rectangular de 23 × 13 cm. Pase la masa al molde y nivele la superficie con mucho cuidado. Espolvoree con azúcar moreno, tape con un trapo y deje que fermente otra vez durante 1 hora.

Precaliente el horno a 200 °C. Hornee la hogaza de 25 a 30 minutos, o hasta que suba y tenga un color dorado. Deje que se enfríe 10 minutos en el molde antes de sacar el pan y dejar que se enfríe por completo sobre una rejilla. Corte en rebanadas.

Para 1 hogaza

variaciones

masa para pizza básica rápida

véase receta en la página 111

masa de pizza de patata
Prepare la receta base, pero sustituya la goma xantana y el agua por más levadura
en polvo y aceite de oliva (2 cucharaditas de cada uno). Añada también 230 g
de patata chafada al robot de cocina.

masa de pizza de calabaza
En lugar de la receta base, mezcle en un robot de cocina 230 g de puré de calabaza,
60 g de harina de coco, 130 g de harina de arroz integral, 1 cucharada de aceite
de oliva, 1 cucharada de levadura en polvo, 1 cucharadita de hierbas italianas secas
y una pizca de sal. Extienda para formar una base de pizza de 26 cm. Hornee durante
10 minutos antes de añadir la cobertura.

masa de pizza de *biscuit*
En vez de la receta base, mezcle 130 g de harina de arroz integral, 170 g
de almidón de patata, 1 cucharadita de goma xantana, 1 cucharada de levadura
en polvo, 1 cucharadita de crémor tártaro, ¾ de cucharadita de bicarbonato sódico,
¾ de cucharadita de sal y 1 cucharadita de azúcar. Incorpore 60 g de mantequilla.
Añada 1 huevo y 180 ml de leche. Mezcle hasta que obtenga una masa suave.
Extienda para formar una base de pizza de 26 cm de diámetro.

variaciones

pizza de *pepperoni* con masa de levadura

véase receta en la página 112

pizza de pollo a la parrilla, cebolla y salsa barbacoa
Prepare la receta base, pero sustituya la salsa de tomate por salsa barbacoa
y el *pepperoni* por 60 g de pollo a la parrilla troceado y 2 cucharadas de cebolla
picada cocida.

pizza de queso de cabra, cebolla caramelizada y tomates cereza
Elabore la receta base, pero sustituya el *pepperoni* y los quesos por 85 g de queso
de cabra cortado en dados, 70 g de cebolla caramelizada (*véase* pág. 101)
y 8 tomates cereza.

pizza vegetal mediterránea
Prepare la receta base, pero sustituya el *pepperoni* por una selección de hortalizas
mediterráneas, como calabacines, pimientos, berenjena y tomates, rociadas
con aceite de oliva y asadas durante 30 minutos en el horno a fuego medio.

pizza de atún, anchoas, tomate y aceitunas
Elabore la receta base, pero reemplace el *pepperoni* por 110 g de atún en conserva
escurrido, 40 g de anchoas en conserva escurridas, 2 tomates cortados en cuartos
y aceitunas negras sin hueso.

variaciones

focaccia de ajo y tomillo

véase receta en la página 115

focaccia de ajo, cebolla y romero
Prepare la receta base, pero omita el tomillo. Añada a la mezcla 1 cebolla pequeña finamente picada, salteada en un poco de aceite y enfriada, y 2 cucharadas de romero seco.

focaccia de ajo, tomate y orégano
Elabore la receta base, pero sustituya el tomillo por 2 cucharaditas de orégano seco. Añada varios tomates cereza cortados por la mitad antes de hornear.

focaccia de ajo, pimiento y cilantro
Prepare la receta base, pero sustituya el tomillo por 1 cucharada de cilantro fresco troceado y 1 pimiento picado muy fino.

focaccia de ajo, calabacín y albahaca
Elabore la receta base, pero sustituya el tomillo por 1 cucharada de albahaca fresca picada. Añada un poco de calabacín troceado antes de hornear.

focaccia de ajo, parmesano y cebollino
Prepare la receta base, pero sustituya el tomillo por 1 cucharada de cebollino fresco picado. Agregue a la mezcla 30 g de queso parmesano recién rallado.

variaciones

panecillos blandos

véase receta en la página 116

panecillos blandos para *hot dogs*

Prepare la receta base, pero dé a la masa la forma de panecillos para *hot dogs*.

panecillos blandos con semillas y parmesano

Elabore la receta base, pero añada 1 cucharada de semillas de amapola al robot junto con el líquido. Justo antes de hornear, espolvoree cada panecillo con un poco de queso parmesano rallado fino.

panecillos para hamburguesas

Prepare la receta base, pero dé a la masa la forma de panes planos. Justo antes de hornear, espolvoree cada uno con 1 cucharadita de semillas de sésamo.

panecillos blandos de ajo con semillas de girasol

Elabore la receta base. Añada 1 diente de ajo majado al robot de cocina junto con el líquido. Justo antes de hornear, espolvoree cada panecillo con 1 cucharadita de semillas de girasol.

variaciones

pan de soda irlandés

véase receta en la página 119

pan de soda con queso y mostaza
Prepare la receta base, pero añada 40 g de queso cheddar rallado y 2 cucharaditas
de mostaza seca a la mezcla.

pan de soda con tomate y albahaca
Elabore la receta base, pero agregue 2 cucharadas de tomates secos cortados en trozos
muy pequeños y 1 cucharada de albahaca fresca picada.

pan de soda con ajo y romero
Prepare la receta base, pero añada 1 diente de ajo majado y 1 cucharada de romero seco.

pan de soda con orégano y semillas de amapola
Elabore la receta base, pero incorpore 1 cucharada de orégano seco y otra de semillas
de amapola.

pan de soda con hierbas frescas italianas
Prepare la receta base, pero añada 2 cucharadas de perejil fresco picado, la misma
cantidad de orégano fresco picado y 1 cucharada de romero fresco picado.

variaciones

pan de maíz mexicano picante

véase receta en la página 120

pan de maíz mexicano picante con cilantro
Prepare la receta base, pero añada 2 cucharadas de cilantro fresco picado
con las cebollas.

pan de maíz mexicano picante con cardamomo
Elabore la receta base, pero agregue 1 cucharadita de semillas de cardamomo
con las cebollas.

pan de maíz mexicano picante con tomates secados al sol
Prepare la receta base, pero incorpore 60 g de tomates secos picados finos
y 2 cucharadas de albahaca fresca picada con las cebollas.

pan de maíz mexicano picante con semillas de calabaza
Elabore la receta base, pero añada 2 cucharadas de semillas de calabaza
con las cebollas.

pan de maíz mexicano picante con pimientos
Prepare la receta base, pero agregue 3 cucharadas de pimiento rojo picado
muy fino con las cebollas.

variaciones

pan de frutos secos variados

véase receta en la página 123

pan de frutos secos con cerezas y brandy
Prepare la receta base, pero sustituya la manzana y el zumo de manzana por cerezas
en conserva y brandy.

pan de frutos secos variados con higos y nueces
Elabore la receta base, pero reemplace la manzana y las pacanas por higos secos
troceados y nueces.

pan de frutos secos cubierto con frutas escarchadas
Prepare la receta base, y añada una cobertura de frutas escarchadas al pastel frío.
Caliente a fuego lento 4 cucharadas de mermelada de albaricoque con 2 cucharadas
de agua y pásela a un cuenco pequeño a través de un tamiz. Pincele la superficie del
pastel con un poco de la preparación de albaricoque, disponga una selección de frutas
escarchadas encima y cubra con más albaricoque. Ate una cinta ancha alrededor
del pastel.

pan de frutos secos variados con corteza de cítricos escarchados
Elabore la receta base, pero agregue 40 g de corteza de cítricos escarchados diversos
a la mezcla junto con los frutos secos.

variaciones

pan de plátano, dátiles y nueces

véase receta en la página 124

pan de plátano y arándanos rojos
Prepare la receta base, pero sustituya los dátiles y las nueces por 110 g
de arándanos rojos deshidratados picados.

pan de plátano, higos y pacanas
Elabore la receta base, pero sustituya los dátiles por higos secos y las nueces
por pacanas.

pan de plátano, manzana y jengibre
Prepare la receta base, pero reemplace los dátiles y las nueces por 110 g de
manzana deshidratada finamente picada y 2 cucharaditas de jengibre molido.

pan de plátano, cerezas y coco
Elabore la receta base, pero sustituya los dátiles y las nueces por 60 g de
cerezas deshidratadas finamente picadas y 30 g de coco en copos sin endulzar.

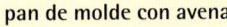
variaciones

pan de molde con semillas

véase receta en la página 126

pan de molde con avena
Prepare la receta base, pero omita las semillas. Añada 30 g de copos de avena a la mezcla de harinas. Espolvoree la parte superior de la hogaza con 1 cucharada de copos de avena.

pan de molde con parmesano y semillas
Elabore la receta base, pero agregue 2 cucharadas de parmesano recién rallado a la preparación de harinas.

pan de molde con cebolla y eneldo
Prepare la receta base, pero sustituya las semillas en la mezcla de harinas por 2 cucharadas de cebolla deshidratada y 2 cucharaditas de eneldo seco. Espolvoree la parte superior de la hogaza con 1 cucharada de cebolla deshidratada.

pan de molde con ajo y albahaca
Elabore la receta base, pero sustituya las semillas de amapola por 1 diente de ajo picado muy fino y 2 cucharadas de albahaca seca, añadidos a la mezcla de harinas. Espolvoree la parte superior de la hogaza con 1 cucharada de albahaca seca.

pan de molde con guindilla y cilantro
Prepare la receta base, pero sustituya las semillas de amapola por 1 guindilla sin semillas picada fina y 1 cucharada de cilantro fresco picado, añadidos a la mezcla de harinas. Espolvoree la parte superior de la hogaza con 2 cucharaditas de guindilla seca picada.

variaciones

galletas de suero de leche

véase receta en la página 127

galletas de parmesano

Prepare la receta base, pero añada a la mezcla 30 g de parmesano recién rallado.

galletas de salchichas y mostaza

Elabore la receta base, pero agregue a la mezcla 60 g de salchichas hervidas picadas finas y 2 cucharaditas de mostaza de Dijon.

galletas de salvia y cebolla

Prepare la receta base, pero añada a la mezcla 2 cucharaditas de salvia seca y 1 cucharada de copos de cebolla deshidratada.

galletas de beicon y tomates secados al sol

Elabore la receta base, pero incorpore a la mezcla 2 lonchas de beicon frito y picado fino, y 2 cucharadas de tomates secos picados finos.

variaciones

brioche de cerezas

véase receta en la página 128

brioche de naranja y almendras
Prepare la receta base, pero omita la harina de tapioca, la vainilla y las cerezas.
Sustituya por 40 g de almendras molidas, extracto de almendras y la ralladura
de 1 naranja.

brioche de albaricoques y canela
Elabore la receta base, pero sustituya las cerezas por orejones de albaricoque finamente
picados y la vainilla por extracto de almendras. Añada 1 cucharadita de canela en polvo.

brioche de pasas y limón
Prepare la receta base, pero sustituya las cerezas por pasas y agregue la ralladura
de 1 limón.

brioche de pepitas de chocolate
Elabore la receta base, pero sustituya las cerezas por pepitas de chocolate.

brioche de jengibre y manzana
Prepare la receta base, pero reemplace las cerezas por manzana deshidratada picada
fina y añada 1 cucharadita de jengibre en polvo.

platos principales

Desde las cenas familiares informales entre

semana hasta un elegante plato festivo,

este capítulo le proporcionará la inspiración

para sus necesidades diarias.

ternera en salsa de vino tinto con setas

véanse variaciones en la página 176

Un delicioso estofado de ternera, repleto de hortalizas y lo bastante sustancioso para satisfacer al más exigente en las frías noches de invierno.

35 g de harina de arroz blanco
30 g de almidón de maíz
sal y pimienta negra recién molida
900 g de ternera magra en dados
2 cucharadas de aceite de oliva, y un poco
    más si es necesario
6 lonchas de beicon troceado
1 cebolla grande picada fina
3 dientes de ajo majados

230 g de setas en láminas
2 zanahorias en rodajas
3 cucharadas de pasta de tomate
1 cucharada de hierbas variadas
    italianas secas
240 ml de caldo de ternera de calidad
1 pastilla de caldo de ternera
240 ml de vino tinto
3 cucharadas de perejil fresco picado

Precaliente el horno a 160 °C. Mezcle la harina de arroz y el almidón de maíz en un plato, y añada sal y pimienta. Reboce bien la ternera en la harina. Caliente el aceite en una sartén grande. Dore la ternera por tandas y póngala en una cacerola refractaria. Añada el beicon. Fría a fuego medio durante 5 minutos, hasta que esté crujiente, y agregélo a la ternera. Elimine la grasa que libera el beicon, y ponga la cebolla y el ajo en la sartén. Fría durante 5 minutos, hasta que estén tiernos, e incorpore las setas, las zanahorias, la pasta de tomate, las hierbas, el caldo, la pastilla de caldo y el vino tinto. Caliente, sin dejar de remover, para desglasar. Pase la preparación a la cacerola, tape y hornee de 2 ½ a 3 horas, hasta que la ternera esté tierna. Vigílela de vez en cuando y añada caldo o agua si se seca demasiado. Saque del horno, sazone al gusto y rectifique las especias si lo considera necesario. Incorpore el perejil y sirva inmediatamente.

Para 6 porciones

tartaletas saladas de ternera con cobertura crujiente de patata

véanse variaciones en la página 177

La carne se acompaña de una salsa espesa, se dispone sobre una base de tarta y se cubre con puré de patatas antes de dorarlo en el grill del horno.

450 g de carne magra de ternera picada
1 cebolla mediana picada fina
1 diente de ajo aplastado
355 ml de caldo de carne de calidad
1 pastilla de caldo de ternera
2 cucharaditas de hierbas italianas secas
2 cucharaditas de salsa worcestershire
2 cucharaditas de salsa de soja
1 cucharada de kétchup

1 zanahoria grande picada fina
60 g de guisantes congelados
sal y pimienta negra recién molida
2 cucharaditas de almidón de maíz
2 cucharadas de agua fría
450 g de patatas peladas y cortadas en trozos
1 cucharada de mantequilla
4 bases de tarta SG de 13 cm (*véase* pág. 17) parcialmente horneadas

En una cacerola grande, saltee la ternera durante 10 minutos, sin dejar de remover, hasta que esté dorada. Añada la cebolla y el ajo. Continúe la cocción 10 minutos más, hasta que la cebolla esté tierna. Agregue el caldo, la pastilla de caldo, las hierbas, las salsas de soja y worcestershire, el kétchup y la zanahoria. Remueva para que se mezcle bien. Tape y cueza a fuego lento durante unos 30 minutos. Añada los guisantes, cueza a fuego lento durante 5 minutos y salpimiente al gusto. En un cuenco pequeño, mezcle el almidón de maíz con el agua fría e incorpore la preparación a la carne con su salsa.

Continúe removiendo hasta que la salsa vuelva a hervir y espese. Pásela a un cuenco, tape y reserve hasta que se enfríe.

Lave la cacerola y llene a tres cuartas partes de su capacidad con agua fría. Añada las patatas y hiérvalas durante unos 20 minutos, hasta que estén tiernas. Escúrralas, póngalas de nuevo en la cacerola y cháfelas ligeramente con un prensador de patatas manual. Agregue la mantequilla y salpimiente. Reserve.

Precaliente el horno a 175 ºC. Llene las bases de tarta con la carne y su salsa a un nivel justo por debajo del borde de la pasta. Cubra con el puré de patatas. Coloque las tartas en una bandeja de horno. Hornee durante unos 30 minutos, hasta que se calienten bien. Si las patatas aún no se han dorado, encienda el grill unos 2 o 3 minutos para lograr el efecto deseado. Sirva inmediatamente.

Para 4 porciones

pollo rebozado con parmesano

véanse variaciones en la página 178

Si creía que el pollo rebozado quedaba fuera del menú, es hora de cambiar de idea.

2 cucharadas de aceite de girasol, y un poco
    más para engrasar
4 pechugas de pollo deshuesadas y sin piel
70 g de harina de arroz blanco
1-2 huevos batidos

230 g de pan rallado SG
40 g de queso parmesano rallado fino
1 cucharadita de especias de Cajún
sal y pimienta negra recién molida
berro y gajos de limón para servir

Engrase un molde para hornear con un poco de aceite.

Coloque cada pechuga de pollo sobre un trozo de papel sulfurizado. Cubra con otro tozo de papel y golpéela con un mazo de carne o con un rodillo para reducir su grosor. Ponga la harina de arroz en un plato, el huevo batido en otro y el pan rallado en un tercero. Añada el queso parmesano, las especias de Cajún, sal y pimienta al pan rallado. Reboce cada pechuga en harina, pase por el huevo y reboce de nuevo con el pan rallado. Coloque sobre un plato, tape y refrigere durante 30 minutos. Precaliente el horno a 190 ºC.

En una sartén grande, caliente 2 cucharadas de aceite de girasol. Cuando esté caliente, pero no humeante, fría cada pechuga durante 3-4 minutos por cada lado, hasta que se doren. Añada más aceite si es necesario. Ponga el pollo en el molde engrasado y hornee durante unos 30 minutos. Sírvalas inmediatamente, coronadas con el berro y los gajos de limón.

Para 4 porciones

pastel de carne y cebolla

véanse variaciones en la página 179

Comience a preparar este exquisito plato de carne y cebolla a primera hora de la mañana, o incluso mejor el día anterior, para permitir que se desarrollen los aromas.

700 g de ternera magra sin grasa y cortada en dados
    de 2,5 cm
35 g de harina de arroz blanco
sal y pimienta negra recién molida
2 cucharadas de aceite de girasol, y un poco más
    si es necesario
2 cebollas grandes picadas gruesas
2 dientes de ajo majados

700 ml de caldo de carne de calidad
2 pastillas de caldo de carne
2 cucharadas de pasta de tomate
1 cucharadita de hierbas italianas variadas
2 cucharaditas de perejil fresco picado
pasta brisa SG (*véase* pág. 19)
1 huevo ligeramente batido

Precaliente el horno a 150 °C. Ponga la harina de arroz en un plato grande, salpimiente, añada la ternera y rebócela generosamente. En una sartén grande, caliente el aceite. Antes de que humee, agregue la ternera. Fría durante unos minutos, removiéndola con una espátula, hasta que se dore de manera uniforme. Es posible que deba realizarlo en etapas. Póngala en una cacerola refractaria y reserve.

Vierta un poco más de aceite a la sartén si es necesario. Incorpore las cebollas y el ajo, y rehogue durante unos 5 minutos a fuego medio, hasta que estén blandos. Agregue el caldo y remueva para desglasar. Incorpore las pastillas de caldo, la pasta de tomate y las hierbas, y páselo a la cacerola. Tape y hornee durante 3 o 4 horas, o hasta que la carne esté muy tierna. Sáquela del horno y deje que se enfríe, si es posible y tiene tiempo, durante toda la noche.

Precaliente el horno a 200 °C. Ponga la ternera y las cebollas en un plato ovalado hondo para pastel de 23 cm de diámetro. Extienda la pasta hasta que alcance un diámetro entre 2,5 y 5 cm mayor que el plato. Humedezca el borde del recipiente con agua. Recorte una tira de pasta para cubrir el borde del molde. Pincele los bordes con agua para que se adhieran entre sí. Coloque la masa encima, sellándola por los bordes. Pincélela con un poco de huevo batido y decore el pastel con los recortes sobrantes, a los que habrá dado forma de hojas. Con la punta de un cuchillo, haga un pequeño corte en el centro del pastel para permitir que salga el vapor. Hornee durante unos 30 minutos, o hasta que la masa esté cocida y adquiera un color dorado. Sirva inmediatamente.

Para 4 raciones

canelones de ternera con salsa de tomate

véanse variaciones en la página 180

Esta mezcla de queso y ternera es deliciosa. Se enrolla en una pasta de lasaña sin gluten y se cubre con una aromática salsa de tomate. Se pueden hornear todos los canelones juntos o en raciones individuales.

12 placas de lasaña SG
500 g de ternera magra picada
1 cebolla grande picada fina
2 dientes de ajo majados
40 g de pan rallado SG
2 cucharadas de perejil picado
1 cucharadita de orégano seco
60 ml de vino blanco seco
1 huevo
60 g de queso fontina rallado
sal y pimienta negra recién molida

mantequilla para engrasar
2 cucharadas de queso parmesano recién rallado, para servir

para la salsa de tomate
1 cucharada de aceite de oliva
1 cebolla mediana picada fina
2 dientes de ajo majados
1 lata de 425 g de tomates en conserva troceados
1 cucharadita de hojas frescas de tomillo

1 cucharadita de orégano fresco
85 g de queso parmesano recién rallado
4 cucharadas de pasta de tomate
1 cucharadita de salsa de soja
1 cucharadita de salsa worcestershire
1 pastilla de caldo de pollo
1 cucharadita de azúcar
sal y pimienta negra recién molida

Engrase una fuente de horno grande de bordes bajos (o varias individuales). En una cacerola grande, llena a tres cuartas partes de su capacidad, hierva las placas como se indica en el envase, removiendo con una cuchara de madera para evitar que se peguen entre sí. Es posible que deba hacerlo por tandas. Escurra, enjuague con agua fría y coloque sobre un trapo de cocina limpio para que se sequen. En una cacerola grande, cueza la ternera durante 10 minutos, hasta que se dore. Escurra la grasa. Coloque la carne de nuevo en el fuego. Añada la cebolla y el ajo, y cocine a fuego lento durante 15 minutos, hasta que se ablanden. Deje que se enfríe.

En un cuenco grande, mezcle la ternera con el pan rallado y las hierbas. Agregue el vino, el huevo, el queso fontina, la sal y la pimienta. Reserve. Precaliente el horno a 175 °C.

Prepare la salsa de tomate. En una cacerola grande, caliente el aceite. Rehogue la cebolla y el ajo hasta que estén tiernos. Incorpore los tomates, las hierbas, el queso parmesano, la pasta de tomate, la salsa de soja, la salsa worcestershire, la pastilla de caldo y el azúcar. Cueza a fuego lento durante 15 minutos. Salpimiente al gusto y reserve. Ponga 2 o 3 cucharadas de relleno sobre cada placa de pasta y enrolle. Engrase una fuente grande con mantequilla y ponga 3 cucharadas de salsa de tomate en el fondo. Coloque cada rollo de pasta, con la unión hacia abajo, uno junto a otro encima de la salsa. Cubra con el resto de la salsa de tomate, tape con papel de aluminio engrasado con mantequilla y hornee durante unos 30 minutos. Espolvoree con parmesano para servir.

Para 4 raciones

costillar de cordero asado con *gremolata* y espárragos

véanse variaciones en la página 181

La *gremolata* es un aderezo italiano exquisitamente aromático compuesto de perejil, limón y ajo. Resulta muy eficaz para asombrar a los invitados en una comida elegante, festiva y sofisticada.

para la *gremolata*
4 cucharadas de perejil fresco picado
la ralladura de 2 limones
2-3 dientes de ajo picados finos

1 costillar de cordero con 10-12 costillas
sal y pimienta negra recién molida
2 cucharadas de aceite vegetal
340 g de puntas de espárragos
algunas hojas frescas de espinacas y alioli
    para servir

En un cuenco pequeño, mezcle los ingredientes para la *gremolata* y reserve. Precaliente el horno a 200 °C. Retire el exceso de grasa del costillar de cordero, córtelo por la mitad y salpimiente generosamente. En una cacerola refractaria grande, caliente el aceite. Antes de que humee, añada el cordero y dórelo durante 2 minutos por cada lado. Ponga la cacerola en el horno y ase el cordero de 20 a 25 minutos, hasta que esté cocido pero aún esté rosado en el centro. Saque el cordero del horno y deje que repose 10 minutos.

Mientras tanto, hierva los espárragos en agua con sal durante 5 minutos. Escurra y reserve. Corte el cordero en costeletas, cúbralas con *gremolata*, añada las puntas de espárrago y sirva cada porción coronándola con un poco de alioli (*véase* pág. 183) y unas cuantas hojas de espinacas frescas.

Para 4 raciones

paletilla de cordero asada

véanse variaciones en la página 182

Este cordero rústico, aromatizado con ajo y romero y asado al horno, quedará tan tierno que la carne se separará fácilmente del hueso. Sirva con una salsa espesa de carne.

1 paletilla de cordero con hueso de unos 900 g
2 cucharadas de aceite de oliva
sal y pimienta negra recién molida
1 cebolla picada gruesa
1 zanahoria cortada en dados pequeños
2 ramas de apio en rodajas
6 ramitas de romero fresco
1 cabeza de ajo sin pelar, separada en dientes
2 hojas de salvia picada fina

700 ml de vino blanco
470 ml de caldo de cordero o de pollo
  de calidad
1 pastilla de caldo de cordero o de pollo
1 cucharada de pasta de tomate
1 cucharada de mermelada de grosellas rojas
1 cucharada de salsa worcestershire
1 cucharada de salsa de soja
1 cucharada de almidón de maíz

Precaliente el horno a 220 °C. Haga unos cortes en la grasa del cordero con un cuchillo afilado. Rocíe con aceite de oliva y salpimiente. Ponga la cebolla, la zanahoria, el apio, la mitad del romero y la mitad de los dientes de ajo en la base de una fuente para asar. Coloque el cordero encima y espolvoree con las hojas de salvia. Vierta el vino alrededor del cordero y las hortalizas, cubra con una capa doble de aluminio y selle bien. Introduzca en el horno, baje la temperatura inmediatamente a 150 °C y ase durante 4 horas.

Al finalizar la cocción, saque el cordero del horno y póngalo en una tabla de corte. Cúbralo un poco con aluminio y deje que repose durante 15 minutos.

Retire con cuidado la mayor parte de la grasa de los jugos y las hortalizas de la fuente para asar, añada 240 ml de agua a la fuente y póngala a fuego medio en el fogón. Lleve a ebullición, removiendo para desglasar. Cuele la salsa en una cacerola pequeña y recupere 5 de los dientes de ajo. Májelos, elimine las pieles e incorpórelos a la salsa. Agregue el caldo, la pastilla de caldo, la pasta de tomate, la mermelada y las salsas de soja y worcestershire. Remueva. Añada el almidón de maíz, mezclado con un poco de agua para formar una pasta, y remueva hasta que espese. Rectifique de sal si es necesario. Abra el cordero con un tenedor y sirva junto con la salsa.

Para 6 porciones

pollo jamaicano con salsa de mango

véanse variaciones en la página 183

Puede preparar este pollo tan picante como desee. La salsa de mango lo complementa a la perfección.

para la salsa de mango
170 g de mango maduro cortado en dados
110 g de cebolla roja picada fina
110 g de tomates cortados en dados
2 cucharadas de cilantro fresco picado
1 guindilla roja sin semillas y picada fina
1 cucharada de zumo de lima
sal y pimienta negra recién molida

para el pollo
4 pechugas de pollo sin piel ni hueso
condimento jamaicano
sal y pimienta negra recién molida
2 cucharadas de aceite de girasol

Para preparar la salsa, en un cuenco mediano, mezcle los dados de mango, la cebolla, los tomates troceados, el cilantro picado, la guindilla roja y el zumo de lima. Salpimiente al gusto. Tape y refrigere hasta que la necesite.

Corte las pechugas de pollo por la mitad a lo largo para obtener 2 filetes más finos. Cubra cada uno con una cantidad generosa de condimento jamaicano, sal y pimienta. En una sartén grande, caliente el aceite de girasol y saltee los filetes de pollo 4 o 5 minutos por cada lado a fuego fuerte. Como alternativa, ase a la parrilla en una barbacoa. Sírvalas calientes con la salsa de mango.

Para 4 porciones

korma de pollo

véanse variaciones en la página 184

Un *korma* es un curry suave y cremoso. La leche de coco y las almendras molidas aportan una textura maravillosa al plato. Sírvalo con arroz *pilaf* (*véase* pág. 221) y aromático *bhuna* de patata y coliflor (*véase* pág. 207) para celebrar un auténtico festival de curry.

3 cucharadas de aceite de girasol
1 cucharada de mantequilla
4 filetes de pollo sin piel ni hueso, cortados
    en dados de 2,5 cm
1 cebolla grande picada gruesa
2 dientes de ajo majados
1 guindilla verde suave sin semillas y picada fina
1 trozo de 2,5 cm de jengibre pelado
    y rallado

½ cucharadita de cúrcuma molida
1 cucharadita de comino molido
1 cucharadita de cilantro molido
1 lata de 400 g de leche de coco
110 g de almendras molidas
120 ml de caldo de pollo de calidad
1 pastilla de caldo de pollo
sal y pimienta negra recién molida
almendras fileteadas, para servir

En una sartén grande, caliente 2 cucharadas de aceite y la mantequilla. Cuando estén calientes, pero sin que humeen, añada el pollo y fría a fuego fuerte durante unos 7 minutos. Remueva el pollo con una espátula hasta que esté bien dorado. Páselo a un plato con la ayuda de una espumadera y reserve.

Vierta el aceite restante a la sartén. Cueza la cebolla y el ajo a fuego medio durante unos 10 minutos, hasta que estén tiernos y dorados. Agregue la guindilla, el jengibre, la cúrcuma, el comino y el cilantro, y cueza durante 2 minutos. Incorpore, sin dejar de remover, la leche de coco, las almendras molidas, el caldo de pollo, la pastilla de caldo, la sal y la pimienta. Ponga de nuevo el pollo en la sartén, tape y cocine a fuego lento durante 10 minutos. Destape y cueza 10 minutos más, hasta que la salsa espese. Sirva con almendras fileteadas.

Para 4 porciones

enchiladas de pollo

véanse variaciones en la página 185

Puede encontrar tortillas de maíz en el supermercado y preparar unas enchiladas maravillosas. Sabrosas y saciantes, serán todo un éxito.

para la salsa de «jitomate»
2 cucharadas de aceite
   de girasol
1 cebolla grande en rodajas
   finas
1 diente de ajo majado
3 latas de 400 g de tomates
   en conserva picados
110 g de pasta de tomate
2 guindillas verdes picadas finas
1 pastilla de caldo de pollo

2 cucharaditas de azúcar
2 cucharadas de cilantro picado
sal y pimienta fresca recién
   molida

para las enchiladas
2-4 cucharadas de aceite
   de girasol
1 cebolla grande en rodajas finas
1 pimiento rojo sin semillas
   y en rodajas

4 pechugas de pollo sin piel ni
   hueso, cortadas en diagonal
   en tiras finas
1 lata de 400 g de maíz
   en grano, escurrido
18 tortillas de maíz
340 g de queso cheddar rallado
   fino
crema de leche agria y cuñas
   de lima, para servir

Precaliente el horno a 150 ºC. Prepare la salsa de tomate. En una cacerola grande, caliente el aceite a fuego medio. Cuando esté caliente, pero antes de que humee, fría la cebolla y el ajo durante 5 minutos, hasta que estén tiernos. Añada los tomates, la pasta de tomate, las guindillas, la pastilla de caldo, el azúcar y el cilantro. Salpimiente. Lleve a ebullición, tape, baje el fuego y cueza a fuego lento durante 20 minutos. Si se espesa demasiado, agregue un poco de agua. Mantenga caliente mientras prepara el relleno.

Para elaborar el relleno, caliente 1 cucharada de aceite en una sartén grande. Rehogue la cebolla y el pimiento de 5 a 10 minutos a fuego medio, hasta que estén tiernos. Retire de la sartén y reserve.

Vierta más aceite a la sartén, si es necesario, y agregue el pollo en tiras. Saltee durante unos 5 o 10 minutos, hasta que se dore y esté casi cocido. Póngalo en un cuenco grande. Añada la cebolla y el pimiento, el maíz en grano y la mitad de la salsa. Remueva. Agregue un poco más de aceite a la sartén y fría cada tortilla antes de incorporar el relleno. De esta manera evitará que las tortillas absorban demasiado líquido. Escurra sobre papel de cocina y reserve en caliente. Para preparar las enchiladas, sumerja una tortilla en la salsa, retírela y colóquela en un plato caliente. Añada un poco de relleno a la tortilla, espolvoree un poco de queso y enróllela. Repita con 2 tortillas más. Nape con un poco de salsa y espolvoree con queso. Mantenga en caliente en el horno mientras prepara las demás. Sirva con crema de leche agria y cuñas de lima para acompañar.

Para 6 raciones

pasta con pollo, chorizo y hortalizas mediterráneas

véanse variaciones en la página 186

El pollo con el chorizo en una deliciosa salsa de tomate completan este estupendo y especiado plato de pasta.

4 cucharadas de aceite de oliva
450 g de berenjena cortada en dados
1 calabacín cortado en dados
1 pimiento rojo sin semillas y cortado en trozos de 2,5 cm
4 pechugas de pollo deshuesadas y sin piel, cortadas en diagonal
½ cucharadita de pimentón
110 g de chorizo

400 g de macarrones SG
salsa de tomate, doble cantidad (*véase* pág. 148)
70 g de tomates secos cortados en cuartos
3 cucharadas de albahaca fresca picada, y un poco más para servir
sal y pimienta negra recién molida
escamas de queso parmesano, para servir

Precaliente el horno a 190 ºC. Ponga la mitad del aceite en una fuente para asar y caliente durante 5 minutos. Añada la berenjena, el calabacín y el pimiento rojo, y remuévalos. Áselos durante 25 minutos, o hasta que estén ligeramente tostados en los bordes. Saque del horno y reserve. Caliente el aceite restante en una sartén grande, agregue el pollo y espolvoree con el pimentón. Fría durante unos 10 minutos, hasta que se dore. Incorpore el chorizo y cueza 5 minutos más, hasta que el pollo y el chorizo se cocinen. Reserve. Llene una cacerola grande con agua hirviendo a tres cuartas partes de su capacidad, y hierva la pasta a fuego lento durante 10 minutos. Escurra, enjuague con agua fría y reserve. Ponga la salsa de tomate en la cacerola y caliente hasta que comience a hervir. Agregue los tomates secos, la berenjena, el calabacín, el pimiento, el pollo, el chorizo y la albahaca. Salpimiente y caliente. Sirva espolvoreado con albahaca y parmesano.

Para 4 raciones

pad thai

véanse variaciones en la página 187

Este es uno de los platos nacionales de Tailandia: gambas y pollo salteados con tamarindo, huevo y salsa de pescado, a los que se añade cilantro y guindilla para darle color y sabor.

450 g de fideos de arroz
    (cintas, si es posible)
el zumo de 2 limas
½ cucharadita de pimienta
    de Cayena
1 cucharada de azúcar moreno
2 cucharadas de salsa de pescado
2 cucharaditas de salsa de soja
1 cucharadita de almidón
    de maíz

½ cucharadita de pasta
    de tamarindo
2 cucharadas de aceite vegetal
2 pechugas de pollo sin hueso
    ni piel, cortadas en dados
    de 2,5 cm
2 dientes de ajo
1 cebolla roja pequeña
    en rodajas
110 g de brotes de soja

230 g de gambas cocidas
    grandes
60 g de cacahuetes salados
    picados finos
110 g de cilantro picado
pimienta negra recién molida
2 guindillas rojas medianas
    picadas finas
2 limas cortadas en cuñas,
    para servir

Ponga los fideos en un cuenco grande, cubra con agua hirviendo y deje que reposen 4 minutos. Escurra y refresque bajo el grifo. Reserve.

En un cuenco mediano, mezcle el zumo de lima con la pimienta de Cayena, el azúcar moreno, las salsas de pescado y de soja, el almidón de maíz y la pasta de tamarindo. Remueva. Caliente el aceite en una sartén grande y fría el pollo durante 5 minutos, hasta que esté dorado. Retire de la sartén y reserve. Agregue el ajo y la cebolla a la sartén, y cueza a fuego medio durante 5 minutos. Añada los fideos y remueva para calentarlos. Incorpore el zumo de lima y los brotes de soja, las gambas, la mitad de los cacahuetes y el cilantro, la pimienta negra y las guindillas. Ponga de nuevo el pollo en la sartén y cueza durante 5 minutos, hasta que esté muy caliente. Sirva con los cacahuetes restantes y el cilantro y coronado con las cuñas de lima.

Para 4 porciones

pastel de pescado de lujo

véanse variaciones en la página 188

Este plato, con su puré de cremosa cobertura de patata sobre el pescado pochado en salsa de perejil, le gustará a toda la familia. Puede congelarse bien.

para las patatas
900 g de patatas russet peladas y cortadas
    en trozos
90 ml de leche entera
2 cucharadas de mantequilla
sal y pimienta negra recién molida

para el pescado
230 g de filetes de pescado blanco firmes,
    sin piel ni espinas, como bacalao
230 g de filete de salmón sin piel ni espinas

110 g de filete de pescado ahumado sin piel
    ni espinas
325 ml de leche entera
1 hoja de laurel
1 pastilla de caldo de pescado
1 cucharada de mantequilla, y un poco más
    para engrasar
1 escalonia picada fina
1 cucharada de harina de arroz blanco
3 cucharadas de perejil fresco picado
110 g de gambas grandes cocidas y peladas

Precaliente el horno a 175 ºC y engrase una fuente de horno refractaria de paredes bajas. Hierva las patatas en una cacerola grande con agua a tres cuartas partes de su capacidad durante 20 minutos o hasta que estén tiernas. Escurra, póngalas de nuevo en la cacerola a fuego muy bajo durante 3 minutos para que pierdan la humedad. Triture, añada la leche y la mantequilla. Bata hasta que obtenga una preparación homogénea. Salpimiente al gusto. Reserve. Verifique que el pescado no tenga espinas y córtelo en trozos grandes. Póngalo en una sartén grande. Agregue la leche, la hoja de laurel y la pastilla de caldo. Cueza a fuego muy lento durante unos 8 minutos, o hasta que esté tierno. Saque el pescado con cuidado con una espumadera y colóquelo en un plato. Filtre la leche en una jarra. En una cacerola mediana, derrita la mantequilla y rehogue la escalonia durante 5 minutos a fuego lento, hasta que esté tierna.

Agregue la harina y mezcle con la mantequilla para obtener un *roux*. Cueza durante 2 minutos y añada gradualmente la leche, sin dejar de remover, hasta incorporarla toda y que la salsa espese. Pruebe y rectifique de sal si es necesario, e incorpore el perejil. Agregue con cuidado el pescado y las gambas, remueva suavemente, y póngalo en la fuente de horno.

Coloque el puré de patatas encima con una cuchara, cubriendo todo el pescado y la salsa. Dé forma irregular a la superficie con un tenedor. Hornee durante 35 minutos, hasta que la superficie se dore y el plato esté bien caliente. Sirva inmediatamente.

Para 6 raciones

pescado rebozado crujiente con patatas asadas al horno

véanse variaciones en la página 189

El rebozado se prepara con agua con gas, que lo hace ligero y crujiente.

para las patatas
900 g de patatas
2 cucharadas de aceite de oliva
pimienta negra recién molida

para el pescado
1 cucharada de harina de arroz blanco, para rebozar
4 porciones del mismo tamaño de filete de pescado
   blanco sin piel ni espinas, como bacalao

50 g de harina de arroz blanco
50 g de almidón de maíz
1 cucharadita de levadura en polvo
sal y pimienta negra recién molida
2 claras de huevo
120 ml, y dos cucharadas más de agua
   con gas helada
650 ml de aceite de girasol, para freír
guisantes hervidos y cuñas de limón, para servir

Precaliente el horno a 200 °C. Pele las patatas, córtelas en rodajas de 2 cm de grosor y después cada una en tiras de 2 cm. Coloque en un cuenco grande, seque ligeramente con papel de cocina y salpimiente con generosidad. Añada la mitad del aceite de oliva y remueva con una cuchara de madera para cubrir las patatas de manera uniforme con aceite. Engrase una bandeja de horno con el aceite de oliva restante e introdúzcala en el horno durante 5 minutos para que se caliente. A continuación, extienda las patatas sobre la bandeja y ase durante unos 35 minutos, hasta que se doren.

Mientras se hornean las patatas, prepare el pescado. Ponga la cucharada de harina de arroz en un plato. Seque el pescado con papel de cocina y reboce en la harina de arroz.

En un cuenco grande, mezcle el resto de la harina de arroz, el almidón de maíz, la levadura, la sal y la pimienta. Vierta el aceite para freír en un *wok* o cacerola grande y caliente a 200ºC. Verifique la temperatura con un termómetro. En un cuenco mediano, bata las claras hasta que estén un poco espumosas. Haga un hueco en el centro de la mezcla de harina y vierta el agua con gas mientras bate ligeramente. Añada las claras y bata un poco otra vez, manteniendo las burbujas para que la masa quede ligera. Sumerja un trozo de pescado en la masa para cubrirlo y póngalo cuidadosamente con una espumadera en el aceite caliente. Fría cada trozo de pescado durante 5 o 6 minutos y saque con la espumadera para que elimine el exceso de aceite sobre papel de cocina. Conserve en caliente mientras fríe los trozos restantes. Sirva con las patatas, con guisantes hervidos como guarnición y una cuña de limón fresco.

Para 4 raciones

pissaladière de patata

véanse variaciones en la página 190

De origen francés, este plato emplea patatas chafadas en lugar de masa de pizza como base. Constituye un maravilloso primer plato vegetariano.

2 cucharadas de mantequilla, y un poco más
    para engrasar
570 g de patatas peladas y cortadas en trozos
1 huevo grande ligeramente batido
2 cucharadas de queso parmesano rallado fino
sal y pimienta negra recién molida
2 cucharadas de pasta de tomates secos
2 cucharadas de pasta de tomate

3 tomates en rodajas finas
2 cucharadas de albahaca fresca picada
60 g de queso mozzarella rallado
60 g de queso cheddar rallado
1 lata de 60 g de filetes de anchoa escurridos
    sobre papel de cocina
aceitunas negras sin hueso para decorar

Engrase una bandeja de horno con un poco de mantequilla y precaliente el horno a 200 °C. Hierva las patatas en una cacerola grande con agua a tres cuartas partes de su capacidad durante 20 minutos, hasta que estén tiernas. Escurra y póngalas de nuevo en la cacerola a fuego lento durante 5 minutos para que pierdan la humedad. Aplaste las patatas y añada la mantequilla, el huevo, el queso parmesano, sal y pimienta. Mezcle hasta que obtenga una preparación homogénea. Extienda el puré sobre la bandeja engrasada para formar un rectángulo de unos 20 × 30 cm. Hornee durante 20 minutos y retire del horno.

En un cuenco mediano, incorpore la pasta de tomates secos y la pasta de tomate, y extiéndala sobre la base de patata. Disponga las rodajas de tomate, la albahaca, la mozzarella y el queso cheddar. Corte cada filete de anchoa en dos a lo largo y colóquelos en forma de red sobre el queso. Añada las aceitunas y hornee durante unos 10 minutos, o hasta que el queso se derrita. Sirva inmediatamente cortada en cuadrados.

Para 4 raciones

lasaña de verduras

véanse variaciones en la página 191

Sin duda, la lasaña es un plato que gusta a todos. Esta versión, con verduras asadas, salsa *puttanesca* y queso ricotta con pesto, es una explosión de sabores.

450 g de placas para lasaña SG

para la salsa *puttanesca*
salsa de tomate, doble cantidad (*véase* pág. 148)
170 g de aceitunas negras sin hueso
1 cucharada de alcaparras escurridas
1 cucharada de anchoas escurridas finamente
    picadas
½ cucharadita de guindilla seca picada

para el aceite al pesto
2 dientes de ajo majados
1 puñado de hojas de albahaca frescas
120 ml de aceite de oliva virgen extra
1 cucharada de queso parmesano rallado fino

sal y pimienta negra recién molida
450 g de queso ricotta

para el relleno
1 cebolla grande cortada en trozos grandes
1 calabacín mediano cortado en rodajas
    de 0,5 cm
1 pimiento rojo sin semillas y cortado
    en trozos de 2,5 cm
1 pimiento amarillo sin semillas y cortado
    en trozos de 2,5 cm
1 berenjena (de unos 13 cm de longitud)
    cortada en dados de 2,5 cm
3 cucharadas de aceite de oliva
230 g de mozzarella rallada

Hierva las placas de lasaña como se indica en el paquete. Escurra, refresque con agua fría y deje que pierdan la humedad sobre papel de cocina. Mezcle todos los ingredientes para la salsa *puttanesca* y reserve.

Para preparar el aceite al pesto, pique el ajo, la albahaca, el aceite de oliva, el queso parmesano, sal y pimienta en un robot de cocina hasta que las hojas de albahaca estén finamente picadas. Incorpore el queso ricotta con la mayor parte del aceite de pesto en un cuenco grande. Reserve el resto.

Precaliente el grill. Ponga la cebolla, el calabacín, los pimientos y la berenjena en un cuenco grande, rocíe con el aceite de oliva y remueva bien. Salpimiente y distribuya sobre una bandeja de horno. Ase durante unos 5 minutos por cada lado, o hasta que los trozos estén ligeramente tostados por los bordes y cocidos. Deje que se enfríe ligeramente.

Precaliente el horno a 175 °C. Extienda un poco de salsa en el fondo de una fuente refractaria de bordes bajos y engrasada. Añada una capa de lasaña, una capa de ricotta con aceite al pesto, una capa de vegetales, una capa de mozzarella y una capa de salsa. Repita hasta que haya agotado todos los ingredientes, terminando con la mozzarella. Hornee durante 15 minutos, hasta que esté dorada y burbujeante. Deje que repose 10 minutos. Sirva rociada con aceite al pesto.

Para 6 raciones

pizza de polenta con beicon, setas y espinacas

véanse variaciones en la página 192

La polenta resulta muy versátil. Aquí se utiliza como base de pizza, con una cobertura de setas y espinacas y con el realce de las hierbas y especias.

2 cucharadas de aceite de girasol, y un poco
    más para engrasar
120 ml de leche entera
600 ml de caldo de pollo
1 cucharadita de sal
pimienta negra recién molida
110 g de harina de maíz granulada (polenta)

230 g de setas cortadas en láminas
60 g de hojas de espinacas frescas
110 g de queso cheddar rallado fino
1 tomate, cortado en rodajas (y cada
    una cortada en cuartos)
6 lonchas de beicon troceado frito
    hasta que esté crujiente

Engrase generosamente un molde de horno con aceite. Ponga una cacerola grande a fuego medio y vierta la leche, el caldo y la sal. Lleve casi a ebullición y agregue poco a poco la polenta, sin dejar de batir. Baje el fuego y cueza a fuego lento, removiendo de continuo hasta que la mezcla adquiera una consistencia espesa. Añada un poco de agua si es necesario. Incorpore 1 cucharada de aceite. Extienda la polenta en el fondo del molde en una capa de alrededor de 1,3 cm de grosor para formar un círculo. Tape con film transparente y refrigere al menos durante 1 hora (mejor toda la noche). Caliente el horno a 230 ºC. Retire el film y hornee la base unos 25 minutos, hasta que adquiera un color dorado. Mientras tanto, caliente 1 cucharada de aceite en una sartén grande, agregue las setas y cocine a fuego lento durante unos 10 minutos. Añada las espinacas hasta que reduzcan su volumen. Escurra durante 3 minutos en un plato cubierto con papel de cocina y salpimiente. Saque la base del horno y cubra con queso, setas y espinacas. Incorpore los tomates y el beicon, y hornee 5 minutos. Sirva inmediatamente.

Para 4 porciones

bacalao a la sartén con ajo y puré de alubias

véanse variaciones en la página 193

Crujiente en el exterior, y blanco y jugoso en el interior, este pescado se sirve con un puré de alubias al aroma de ajo.

4 filetes de pescado blanco sin piel ni espinas, como el bacalao
2 cucharadas de harina de arroz blanco
2 cucharadas de almidón de maíz
sal y pimienta negra recién molida
6 cucharadas de aceite de oliva
1 cebolla pequeña picada fina

2 dientes de ajo majados
2 frascos de alubias escurridas
3 cucharadas de perejil fresco picado, y un poco más para servir
3 cucharadas de agua
cuñas de limón, para servir

Compruebe que el pescado no tenga espinas. En un plato grande, mezcle la harina de arroz con el almidón de maíz, y añada sal y pimienta. Reboce los filetes de pescado en la harina y reserve. En una cacerola mediana, caliente 1 cucharada de aceite de oliva. Añada la cebolla y el ajo, y cueza a fuego lento durante 5 minutos, o hasta que estén blandos. Agregue las alubias y cueza 5 minutos, hasta que se calienten. Póngalos en un robot de cocina, incorpore el perejil y 3 cucharadas de aceite de oliva y triture hasta que obtenga un puré liso. Vuelva a ponerlo en la cacerola, añada el agua y salpimiente al gusto. Tape y reserve caliente. En una sartén grande, caliente el aceite de oliva restante. Antes de que humee, añada los filetes de pescado y fríalos a fuego fuerte 2 o 3 minutos por cada lado, hasta que se forme una corteza dorada. Sirva inmediatamente, dispuestos sobre el puré de alubias. Decore con un poco de perejil y una cuña de limón para exprimirla sobre el pescado.

Para 4 porciones

albóndigas de cerdo agridulces

véanse variaciones en la página 194

La masa para estas albóndigas de cerdo es muy ligera y sabrosa. Se sirven con una deliciosa salsa agridulce. El arroz al vapor es su acompañamiento ideal.

para la salsa
110 g de kétchup
2 cucharaditas de salsa de soja
120 ml de vinagre blanco
180 ml de agua
300 g de azúcar blanquilla
85 g de azúcar moreno
3 cucharadas de almidón de maíz
60 ml de agua

para las albóndigas
90 g de harina de arroz blanco
60 g de almidón de patata
2 cucharadas de harina de tapioca
110 g de almidón de maíz
1 cucharadita de levadura en polvo
1 cucharadita de bicarbonato sódico
1 cucharadita de azúcar
unos 240 ml de agua
aceite de girasol para freír
900 g de carne magra de cerdo cortada en dados
de 2,5 cm

En primer lugar, prepare la salsa. En una cacerola mediana, mezcle el kétchup, la salsa de soja, el vinagre, el agua y los dos azúcares. Cueza a fuego lento durante 5 minutos sin dejar de remover. En un cuenco pequeño, incorpore el almidón de maíz y el agua. Añádalo a la salsa. Cueza a fuego lento, sin dejar de remover, hasta que espese. Reserve en caliente mientras prepara las albóndigas. En un cuenco grande, mezcle la harina de arroz, el almidón de patata, la harina de tapioca, el almidón de maíz, la levadura, el bicarbonato sódico y el azúcar. Haga un hueco en el centro y agregue suficiente agua para preparar una masa bastante espesa. Seque el cerdo con papel de cocina. Llene una cacerola grande de 7 a 10 cm de aceite. Caliente hasta que alcance una temperatura de 190 ºC. Sumerja cada trozo de cerdo en la masa y déjelo caer con cuidado en el aceite. Fría en tandas durante unos 5 minutos, hasta que se doren. Retire con una espumadera y deje que se escurran sobre papel de cocina. Sirva con la salsa.

Para 6 raciones

tajín picante marroquí de pollo

véanse variaciones en la página 195

En una jornada invernal, un tajín resulta reconfortante. El jengibre y la canela aportan un toque exótico que evoca las cálidas noches marroquíes.

8 muslos de pollo sin piel y deshuesados
2 cucharadas de almidón de maíz
sal y pimienta negra recién molida
2 cucharadas de aceite de girasol o de oliva
2 cebollas rojas medianas picadas finas
2 dientes de ajo majados
1 cucharadita de jengibre molido
1 cucharadita de comino molido

½ cucharadita de canela en polvo
3 limones
300 ml de caldo de pollo de calidad
1 cucharadita de miel
1 pastilla de caldo de pollo
8 aceitunas verdes sin hueso
2 cucharadas de cilantro fresco picado

Precaliente el horno a 175 ºC. Elimine la grasa residual de los muslos de pollo. Ponga el almidón de maíz en un plato, salpimiente y reboce el pollo en la preparación. En una sartén grande, caliente el aceite. Rehogue las cebollas y el ajo durante 5 minutos, hasta que estén blandos. Añada el jengibre, el comino y la canela. Remueva bien y cueza 3 minutos. Corte los limones en cuartos, añada a la sartén y cueza 3 minutos más. Incorpore el almidón de maíz restante y remueva. Vierta el caldo y la miel, sin dejar de remover. Agregue la pastilla de caldo, remueva y páselo a un plato refractario grande.

Tape y hornee durante 1 hora, hasta que todos los sabores se integren y el pollo esté tierno. Saque del horno e incorpore las aceitunas y el cilantro. Rectifique de sal. Sirva inmediatamente.

Para 4 raciones

variaciones

ternera en salsa de vino tinto con setas

véase receta en la página 141

ternera en salsa de vino tinto con alubias rojas y guindilla
Prepare la receta base, pero sustituya 110 g de ternera por 1 frasco de 400 g de alubias rojas en salsa de guindilla. Añada 2 cucharaditas de guindilla en polvo picante suave.

ternera en salsa de vino tinto con buñuelos de rábanos picantes
Elabore la receta base. Haga los buñuelos de rábanos picantes mezclando 40 g de harina de arroz blanco, 60 g de almidón de maíz, 110 g de mantequilla congelada y rallada, 2 cucharadas de crema de rábanos picantes, sal, pimienta negra recién molida y suficiente agua para preparar una masa suave. Forme 8 bolitas y déjelas caer en la cacerola 15 minutos antes de finalizar la cocción.

ternera en salsa de oporto con pimiento y berenjena
Prepare la receta base, pero sustituya 120 ml de vino tinto por oporto. Omita 110 g de setas. Añada a la sartén, junto con las setas, ½ pimiento rojo y la misma cantidad de pimiento verde, sin semillas y cortados en rodajas, y 110 g de berenjena en dados.

ternera en salsa de vino tinto con bayas de enebro
Elabore la receta base, pero agregue 1 cucharada de bayas de enebro a la sartén junto con la cebolla.

variaciones

tartaletas saladas de ternera con cobertura crujiente de patata

véase receta en la página 142

tartaletas saladas de pollo y setas con cobertura crujiente de patata
Prepare la receta base, pero sustituya la ternera, el caldo de ternera y la pastilla de caldo de ternera por 450 g de pechugas de pollo deshuesadas cortadas en dados, caldo de pollo y una pastilla de caldo de pollo. Añada 110 g de setas picadas a la cebolla.

tartaletas saladas de cordero y romero con cobertura crujiente de patata
Elabore la receta base, pero sustituya la ternera, el caldo de ternera y la pastilla de caldo de ternera por 450 g de carne picada de cordero, caldo de pollo o cordero y una pastilla de caldo de pollo. Reemplace las hierbas italianas por romero.

tartaletas saladas de salchichas, tomate y judías con cobertura crujiente de patata
Prepare la receta base, pero sustituya la ternera, el caldo de ternera y la pastilla de caldo de ternera por 340 g de salchichas italianas picadas finas, 120 ml de caldo de pollo y una pastilla de caldo de pollo. Añada al caldo 1 frasco de 450 g de judías en salsa de tomate.

tartaletas saladas de queso y cebolla con cobertura crujiente
Elabore la receta base, pero omita todos los ingredientes cárnicos. Agregue 2 cucharadas de mantequilla, 1 cebolla picada fina y salteada y 140 g de queso cheddar rallado a 900 g de puré de patatas. Sazone bien. Vierta en las bases de tarta, espolvoree con queso y hornee durante 20 minutos. Ponga bajo el grill durante 2 o 3 minutos para que se dore.

variaciones

pollo rebozado con parmesano

véase receta en la página 145

pollo rebozado con salsa de cítricos y ron

Prepare la receta base, pero sírvala con una salsa caliente de cítricos. En un poco de aceite, rehogue 2 cucharadas de cebolla picada y la misma cantidad de zanahoria cortada en dados pequeños y de apio cortado también en dados, hasta que estén tiernos. Añada 1 cucharada de pasta de tomate, 1 diente de ajo majado, 1 hoja de laurel, 1 cucharada de pimienta negra, 240 ml de caldo de ternera, 355 ml de zumo de naranja, 60 ml de ron negro y otro tanto de crema de leche espesa para cocinar. Tape y cocine a fuego lento durante 30 minutos. Espese con un poco de almidón de maíz diluido. Sazone al gusto.

gambas rebozadas con coco

Elabore la receta base, pero sustituya el pollo por 450 g de gambas medianas y el pan rallado por 170 g de coco rallado.

pollo rebozado con salsa de pizza y mozzarella

Prepare la receta base, pero añada 2 cucharadas de salsa para pizza (*véase* pág. 112) y 2 rodajas de mozzarella a cada pechuga 10 minutos antes de finalizar el tiempo de horneado.

pollo rebozado sin lácteos con avena y almendras

Elabore la receta base, pero sustituya el parmesano por 30 g de almendras picadas y el pan rallado por 170 g de copos de avena.

variaciones

pastel de ternera y cebolla

véase receta en la página 146

pastel de ternera y cebolla con castañas asadas
Prepare la receta base, pero añada 450 g de castañas asadas. Para asarlas, practique
una incisión superficial sobre la piel a cada lado. Ase sobre una bandeja de horno a 190 ºC
durante 25 minutos. Deje que se enfríen ligeramente. Retire las pieles y agregue a la mezcla
de ternera y cebolla.

pastel de pollo con verduritas de primavera
Elabore la receta base, pero utilice una salsa blanca (*véase* pág. 89). Añada al pastel
340 g de pollo hervido cortado en dados y 450 g de verduritas de primavera hervidas.

pastel de queso y cebolla con cebollino
En lugar de la receta base, alterne capas de patatas hervidas en rodajas con otras de queso
cheddar y de cebollas en rodajas finas. Salpimiente y agregue cebollino fresco picado a cada
capa. Termine con la masa, como en la receta base.

pastel de ternera y cebollas mini con bayas de enebro
Prepare la receta base, pero sustituya las cebollas grandes por 340 g de cebollas mini.
Añada 1 cucharada de bayas de enebro antes de hornear.

variaciones

canelones de ternera con salsa de tomate

véase receta en la página 148

canelones de espinacas y ricotta con salsa de tomate
Prepare la receta base, pero sustituya el relleno de ternera por 450 g
de queso ricotta mezclado con 110 g de espinacas hervidas, frías,
picadas y salpimentadas al gusto.

canelones de pollo y espinacas con salsa de tomate
Elabore la receta base, pero reemplace la ternera por pollo picado. Añada
60 g de espinacas hervidas, frías y picadas a la sartén junto con el queso.

canelones con espinacas, nueces y mascarpone
Prepare la receta base, pero sustituya la mitad de la ternera por 230 g
de queso mascarpone. Agregue 40 g de nueces picadas a la sartén junto
con el queso.

canelones de ternera sin lácteos con salsa de tomate
Elabore la receta base, pero, tanto en el relleno como en la salsa de
tomate, sustituya el queso por queso no lácteo. Engrase el recipiente
y el papel de aluminio con aceite y no con mantequilla. Omita el parmesano
en el momento de servir.

variaciones

costillar de cordero asado con *gremolata* y espárragos

véase receta en la página 150

costillar de cordero asado con mostaza y romero
Prepare la receta base, pero sin la *gremolata*. Sazone el cordero, cubra con 2 cucharadas de mostaza de Dijon y espolvoree con 1 cucharada de romero seco. Dore y ase como en la receta base.

costillar de cordero asado con especias marroquíes
Elabore la receta base, pero omita la *gremolata*, la sal y la pimienta negra. Sazone el cordero con la siguiente mezcla de especias marroquíes: 1 cucharadita de comino molido, otra de jengibre molido, otra de sal y pimienta negra, ½ cucharadita de canela en polvo y otra media de cilantro molido, de pimienta de Cayena, de pimienta de Jamaica molida y de clavo molido. Dore y ase como antes.

costillar de cordero asado con especias de Cachemira
Prepare la receta base, pero sin la *gremolata*. Sazone el cordero con sal, pimienta negra y 1 cucharada de *garam masala*. Dore y ase como en la receta base.

variaciones

paletilla de cordero asada

véase receta en la página 152

panceta asada

Prepare la receta base, pero sustituya el cordero por panceta y el romero por 3 ramitas de tomillo fresco y otro tanto de salvia. Coloque la panceta con el lado de la piel hacia arriba sobre las verduras. Utilice una pastilla de caldo de pollo. Después de cocerla durante 3 horas, retire el papel de aluminio, aumente la temperatura a 200 ºC y hornee 20 minutos, o hasta que la piel esté crujiente.

pollo asado con cebolla

Elabore la receta base, pero sustituya el cordero por un pollo grande troceado en 6 porciones y el romero por 3 ramitas de tomillo fresco y la misma cantidad de salvia. Hornee solo 2 horas. Retire el papel de aluminio durante los últimos 20 minutos para que se dore la piel.

paletilla de ternera asada

Prepare la receta base, pero reemplace el cordero por paletilla de ternera. Utilice caldo de carne y una pastilla de caldo de carne. Añada un frasco de 400 g de garrafones escurridos a las verduras.

paletilla de cordero asada con pomelo y melaza

Elabore la receta base, pero omita el romero y el ajo. Agregue 90 ml de aderezo de pomelo y melaza (*véase* pág. 218) sobre el cordero antes de asar.

variaciones

pollo jamaicano con salsa de mango

véase receta en la página 155

pollo con limón y ajo
Prepare la receta base, pero omita el condimento jamaicano y la salsa de mango.
Saltee en el aceite 2 dientes de ajo finamente picados antes de añadir el pollo.
Exprima el zumo de un limón sobre el pollo justo antes de finalizar la cocción.

pollo jamaicano con alioli
Elabore la receta base, pero sustituya la salsa de mango por alioli. En un cuenco
pequeño, mezcle 230 g de mayonesa de calidad con 2 dientes de ajo majados.

pollo jamaicano con salsa de piña
Prepare la receta base, pero sustituya la salsa de mango por salsa de piña. En un
cuenco mediano, mezcle 3 cucharadas de azúcar moreno, 2 cucharadas de salsa
de soja, 230 g de piña fresca cortada en trozos pequeños, 3 cucharadas de cilantro
fresco picado y 1 guindilla roja picada fina. Mantenga tapada y refrigerada hasta
el momento de servir.

pollo con especias de Cajún
Elabore la receta base, pero sustituya el condimento jamaicano por especias
de Cajún.

variaciones

korma de pollo

véase receta en la página 156

balti de pollo

Prepare la receta base, pero omita las almendras y la leche de coco. Añada 1 lata de 400 g de tomates en conserva troceados y 1 cucharadita de cada una de las siguientes especias: canela en polvo, *garam masala* y guindilla en polvo. Agregue 60 g de cilantro recién picado justo antes de servir.

curry de pollo suave de Goa

Omita las almendras. Añada 1 cucharadita de semillas de mostaza molidas y otra de pimentón. Agregue 1 cucharada de zumo de limón justo antes de servir.

curry de pollo con espinacas

Prepare la receta base, pero omita las almendras y la leche de coco. Incorpore a la salsa 3 tomates cortados en cuartos, junto con las semillas de 3 vainas de cardamomo, 2 cucharaditas de *garam masala* y 60 g de espinacas frescas. Justo antes de servir, agregue 30 g de cilantro fresco picado y 4 cucharadas de yogur natural.

dhansak de pollo sin lácteos

Elabore la receta base, pero omita las almendras molidas y la leche de coco. Añada 1 frasco de 400 g de lentejas verdes escurridas, 1 lata de 400 g de tomates en conserva troceados y 2 cucharaditas de guindilla en polvo picante suave. En el arroz, sustituya la mantequilla por aceite de girasol.

variaciones

enchiladas de pollo

véase receta en la página 158

enchiladas con relleno de pollo cremoso
Prepare la receta base, pero omita el relleno de pollo. Mezcle 8 cebollas tiernas
troceadas, 340 g de setas salteadas laminadas, 450 g de pollo cocido en dados,
110 g de maíz en grano, 1 pizca de guindilla en polvo y 230 g de crema de leche
agria. Rellene las enchiladas como antes.

enchiladas con ternera
Elabore la receta base, pero sustituya el pollo por 500 g de carne de ternera picada.

enchiladas de huevos revueltos
Prepare la receta base, pero omita el relleno de pollo. Sustitúyalo por 8 huevos revueltos
y cocinados con 6 cebollas tiernas picadas finas, 2 guindillas verdes picadas finas, 60 g
de cilantro fresco picado y 4 tomates en trozos muy pequeños. Salpimiente.

enchiladas con ensalada mixta de alubias
Elabore la receta base. En un cuenco grande, mezcle el contenido de 1 frasco de 400 g
de alubias rojas, uno de alubias pintas, uno de judías verdes y uno de maíz en grano,
todo escurrido. Añada 60 g de cilantro fresco picado, 2 cucharadas de zumo de lima,
2 cucharaditas de miel, 90 ml de aceite de oliva y 110 g de lechuga cortada en tiras.

variaciones

pasta con pollo, chorizo y hortalizas mediterráneas

véase receta en la página 161

pasta con salchichas, espinacas y aceitunas
Prepare la receta base, pero omita una pechuga de pollo y el chorizo. Dore 230 g de salchichas desmenuzadas junto con el pollo. Añada 60 g de espinacas frescas y 8 aceitunas negras sin hueso 5 minutos antes de servir.

pasta con cangrejos, gambas y salsa de tomate cremosa
Elabore la receta base, pero sustituya el pollo y el chorizo por 230 g de carne de cangrejo y la misma cantidad de gambas medianas. Justo antes de servir, incorpore 3 cucharadas de crema de leche espesa.

pasta con queso de cabra, espinacas y piñones
Prepare la receta base, pero omita el pollo, el chorizo y la berenjena. Añada 230 g de queso de cabra en dados, 60 g de espinacas frescas y 40 g de piñones a la cacerola justo antes de servir.

pasta con setas y tomates cereza
Elabore la receta base, pero omita 2 pechugas de pollo y el chorizo. Agregue a la sartén 450 g de setas picadas cuando el pollo esté dorado. Cueza durante 5 minutos. Añada 8 tomates cereza para que se calienten junto con la salsa de tomate.

variaciones

pad thai

véase receta en la página 162

pad thai con arroz de coco

Prepare la receta base y sirva con arroz de coco. En una cacerola grande, llena a tres cuartas partes de su capacidad con agua hirviendo, cueza 255 g de arroz jazmín durante 10 minutos. Escurra y ponga de nuevo en la cacerola. Incorpore 2 cucharadas de pasta cremosa de coco a fuego lento hasta que se derrita y se mezcle con el arroz. Sirva inmediatamente.

pollo salteado con gambas en salsa de alubias negras

Elabore la receta base, pero omita el zumo de lima, el azúcar moreno, la salsa de pescado y los cacahuetes. Añada 3 cucharadas de alubias negras, 2 cucharadas de salsa de soja, 1 cucharadita de azúcar y 2 cucharadas de caldo de pollo con las gambas.

curry verde tailandés de pollo

Prepare la receta base, pero omita los fideos, el zumo de lima, la pimienta de Cayena, el azúcar moreno y la pasta de tamarindo. Sustituya por 2 cucharadas de pasta de curry verde tailandés, 1 lata de 400 g de leche de coco y 170 g de judías verdes hervidas y troceadas finas. Omita las gambas, los brotes de soja y los cacahuetes. Añada 2 pechugas de pollo más. Sirva con arroz de coco (*véase* superior).

pad thai con *pak choi* (col china)

Elabore la receta base. Elimine la base de la col china, lávela y píquela fina. Agregue a la sartén junto con el ajo y la cebolla.

variaciones

pastel de pescado de lujo

véase receta en la página 164

pastel de pescado de lujo con pez espada y puré de boniato

Prepare la receta base, pero sustituya el pescado ahumado por pez espada sin piel ni espinas y la mitad de las patatas por boniatos.

pastel de pescado de lujo con maíz y puré de queso cremoso

Elabore la receta base, pero reemplace la leche por crema de leche. Añada 85 g de maíz en grano a la salsa y espolvoree las patatas con 3 cucharadas de queso cheddar antes de hornear.

pastel de pescado de lujo con puerros

Prepare la receta base, pero agregue un puerro picado fino a la cacerola junto con la escalonia.

pastel de pescado de lujo con huevos

Elabore la receta base, pero incorpore 3 huevos duros picados a la salsa junto con el pescado.

pastel de pescado de lujo sin lácteos con puré de patatas cremoso

Prepare la receta base, pero sustituya la leche y la mantequilla en las patatas y la salsa por leche de arroz o almendras y margarina.

variaciones

pescado rebozado crujiente
con patatas asadas al horno

véase receta en la página 166

pescado rebozado crujiente con puré de guisantes

Prepare la receta base. Hierva 500 g de guisantes frescos o congelados hasta
que estén tiernos. Escurra y vuelva a ponerlos en la cacerola. Añada 1 cucharada
de perejil fresco picado, 1 cucharada de menta fresca picada y 2 cucharaditas de
crema de leche espesa. Mezcle un poco con un batidor manual o aplaste con
un prensador de patatas manual.

pescado rebozado crujiente con *petits pois à la française*

Elabore la receta base. En una cacerola grande, rehogue 3 lonchas troceadas de beicon
con 4 cebollas tiernas picadas. Añada 1 lechuga romana pequeña cortada en tiras
finas y cueza 4 minutos. Agregue 120 ml de caldo de pollo y 500 g de guisantes frescos
o congelados, y cueza a fuego lento unos 7 minutos, hasta que esté tierno y el caldo
reduzca. Sirva con el pescado.

pescado rebozado crujiente con salsa tártara

Prepare la receta base. En un cuenco mediano, mezcle 230 g de mayonesa de calidad
con 2 cucharadas de alcaparras escurridas y la misma cantidad de pepinillos encurtidos
pequeños picados y perejil fresco picado, además de 1 cucharadita de zumo de limón
y sal y pimienta al gusto.

variaciones

pissaladière de patata

véase receta en la página 168

pissaladière de boniato
Prepare la receta base, pero sustituya la mitad de las patatas por boniatos.

pissaladière de patata y chirivía con *pepperoni*
Elabore la receta base, pero reemplace la mitad de las patatas de la base por chirivías. Omita las anchoas y las aceitunas, y añada bajo el queso unas cuantas rodajas de *pepperoni*.

pissaladière de patata y calabaza con setas
Prepare la receta base, pero utilice calabaza troceada en lugar de la mitad de las patatas. Omita las anchoas y las aceitunas, y agregue bajo el queso una capa de setas laminadas salteadas.

pissaladière de patata sin lácteos
Elabore la receta base, pero sustituya la mantequilla y los quesos por margarina y queso no lácteo.

variaciones

lasaña de verduras

véase receta en la página 170

lasaña de verduras con alubias
Prepare la receta base, pero añada 170 g de alubias escurridas a la mezcla
de verduras hervidas antes de colocar en capas en la fuente.

lasaña de verduras con mariscos
Elabore la receta base, pero agregue una capa adicional de 170 g de mariscos
y pescados variados hervidos, como gambas, *mahi mahi* (pescado blanco) y cangrejo.

lasaña con ternera picada
Prepare la receta base, pero sustituya las verduras por el relleno de ternera picada
de los canelones de ternera (*véase* pág. 148).

lasaña de verduras con pollo y maíz
Elabore la receta base, pero agregue una capa adicional de 170 g de pollo hervido
cortado en dados y la misma cantidad de maíz en grano.

lasaña de verduras de primavera
Prepare la receta base, pero sustituya las verduras asadas por una selección de verduras
de primavera ligeramente cocidas al vapor, como brécol, espárragos, apio, guisantes
y tirabeques.

variaciones

pizza de polenta con beicon, setas y espinacas

véase receta en la página 172

pizza de polenta con cebolla caramelizada y queso de cabra
Prepare la receta base, pero sustituya el queso y el beicon por 230 g de cebollas caramelizadas (*véase* pág. 101) y 60 g de queso de cabra en dados.

pizza de polenta con extra de *pepperoni* y guindilla
Elabore la receta base, pero añada unas 9 rodajas de *pepperoni* y espolvoree con 1 guindilla roja picada muy fina.

pizza de polenta con salchichas y pimiento
Prepare la receta base, pero sustituya el beicon por 85 g de salchichas cocinadas y desmenuzadas y medio pimiento rojo cortado en rodajas muy finas y ligeramente salteado.

pizza de polenta sin lácteos
Prepare la receta base, pero reemplace la leche entera por leche de avena o arroz. Omita el queso.

variaciones

bacalao a la sartén con ajo y puré de alubias

véase receta en la página 173

mahi mahi (pescado blanco) a la sartén con salsa de mango
Prepare la receta base, pero use *mahi mahi* y sirva con salsa de mango (*véase* pág. 155).

tilapia a la sartén con cobertura crujiente
Elabore la receta base, pero use tilapia. Para la cobertura crujiente, mezcle 60 g de pan rallado SG, 40 g de queso parmesano, 2 cucharadas de perejil picado fresco, 1 cucharada de zumo de lima, sal y pimienta. Extienda sobre la tilapia y fría en un poco de aceite unos 5 o 6 minutos, hasta que el pescado esté al punto.

gambas a la sartén con coco y salsa de guindilla dulce
En lugar de la receta base, reboce en harina de arroz blanco 450 g de gambas grandes, cocidas y peladas. Sumerja en huevo batido y reboce con coco rallado. Fríalas en una sartén con aceite de girasol unos 4 o 5 minutos por lado. Sirva con salsa de guindilla.

hamburguesas de pescado a la sartén con mostaza suave
En lugar de la receta base, corte el pescado y mézclelo con 2 cucharadas de mostaza de Dijon. Sazone y haga 4 hamburguesas. Espolvoree con la harina y elimine el exceso. Fría 2 o 3 minutos por cada lado en un poco de aceite de oliva.

variaciones

albóndigas de cerdo agridulces

véase receta en la página 174

albóndigas de pollo agridulces
Prepare la receta base, pero sustituya el cerdo por pechugas de pollo cortadas en trozos de 2,5 cm.

albóndigas de pollo a la guindilla dulce
Elabore la receta base, pero reemplace el cerdo por pechugas de pollo cortadas en dados de 2,5 cm. Para la salsa, sustituya 60 g de kétchup por la misma cantidad de salsa de guindilla dulce.

albóndigas al almíbar de naranja
Prepare la receta base, pero sustituya el cerdo por pechugas de pollo cortadas en trozos de 2,5 cm. Para la salsa, añada la ralladura y el zumo de 1 naranja y sustituya el azúcar blanquilla por azúcar moreno. Prepare 310 g en total.

albóndigas de gambas agridulces
Elabore la receta base, pero sustituya el cerdo por gambas de tamaño mediano.

variaciones

tajín picante marroquí de pollo

véase receta en la página 175

tajín picante marroquí de cordero y ciruelas

Prepare la receta base, pero sustituya el pollo por 110 g de carne magra de cordero cortada en dados y 60 ml del caldo de pollo por 1 lata de 500 g de ciruelas en conserva sin hueso con su jugo (añadido al caldo). Si no encuentra ciruelas, utilice albaricoques.

tajín picante marroquí de pollo con pimientos verdes

Elabore la receta base, pero sustituya los muslos de pollo por 110 g de pollo en dados. Añada a la sartén un pimiento verde sin semillas y cortado en rodajas junto con la cebolla y el ajo.

tajín marroquí de pollo afrutado con tomates y almendras

Prepare la receta base, pero sustituya 240 ml de caldo de pollo por 1 lata de 500 g de tomates en su jugo troceados. Antes de hornear, añada a la cacerola 1 cucharada de dátiles picados y la misma cantidad de orejones de albaricoque picados, pasas sultanas y almendras fileteadas.

guarniciones

Aqui encontrará una gran variedad de guarniciones para complementar y realzar las otras recetas de este libro. Desde un guiso de patata hasta los pimientos rellenos, pasando por el curry de verduras, son muchas las ideas inspiradoras.

pimientos rellenos

véanse variaciones en la página 222

Estos pimientos, con su fresco aroma a hierbas, constituyen una magnífica guarnición.
Con más vitamina C que las naranjas, los pimientos son una buena elección para los niños.
Utilice pimientos de al menos dos colores distintos para preparar un plato muy vistoso.

120 ml de aceite de oliva virgen extra
1 cebolla grande picada fina
2 dientes de ajo majados
3 tomates grandes
170 g de arroz arborio crudo

4 cucharadas de perejil fresco picado
2 cucharadas de eneldo fresco picado
1 cucharada de menta fresca picada
sal marina gruesa y pimienta negra recién molida
6 pimientos grandes variados (amarillos y rojos)

Precaliente el horno a 190 ºC.

En una sartén grande, caliente 1 cucharada del aceite de oliva, y fría la cebolla y el ajo unos 5 minutos, hasta que estén tiernos. Pique los tomates en un plato para conservar el jugo, añada a la sartén y remueva. Agregue el arroz y las hierbas, y salpimiente.

Corte la parte superior de cada pimiento a modo de tapa y retire las semillas y la membrana blanca con los dedos. Rellénelos de manera compacta con la mezcla de arroz, presionando con los dedos. Vuelva a colocar la parte de superior y disponga los pimientos en una fuente para asar. Rocíelos con el resto del aceite de oliva, espolvoree con sal marina gruesa y añada agua caliente hasta la mitad de la altura de los pimientos. Hornee sin tapar de 70 a 90 minutos, o hasta que el arroz esté cocido y los pimientos tengan los bordes tostados. Sirva inmediatamente.

Para 6 raciones

cuñas de patata especiadas con mojo de crema de leche agria

véanse variaciones en la página 223

Doradas y con un ligero toque especiado, estas patatas constituyen una guarnición fantástica para un plato de pollo o ternera, o para una sopa en un almuerzo ligero.

1 kg de patatas
2 cucharadas de mantequilla
1 cucharada de especias de Cajún
5 cucharadas de crema de leche agria, para mojar

Engrase una fuente refractaria grande con un poco de mantequilla. Precaliente el horno a 190 ºC.

Pele las patatas y corte cada una en 8 cuñas. Llene una cacerola grande con agua a tres cuartas partes de su capacidad, añada las patatas y lleve a ebullición. Cocine a fuego lento durante 5 minutos, escurra y póngalas en un cuenco grande. Añada la mantequilla y el condimento. Remueva ligeramente con una cuchara de madera hasta que las patatas se impregnen bien. Vierta en la fuente y hornee de 25 a 30 minutos, hasta que estén crujientes y doradas. Retire del horno y sirva inmediatamente, con la crema de leche agria para mojar.

Para 6 raciones

cacerola de judías verdes con ajo y nueces

véanse variaciones en la página 224

La salsa de setas casera para la cacerola de judías verdes no solo es más buena que la sopa concentrada de setas, sino mucho más saludable.

1 cucharadita de aceite vegetal, para engrasar
560 g de judías verdes finas
60 g de mantequilla
1 cebolla pequeña picada fina
2 dientes de ajo majados
170 g de setas laminadas
35 g de harina de arroz blanco
415 ml de leche entera
1 cucharada de salsa de soja

1 pastilla de caldo de pollo
sal y pimienta negra recién molida

para cubrir
1 cucharada de aceite de girasol
1 cebolla grande en rodajas finas
1 cucharada de azúcar moreno
40 g de nueces picadas
queso parmesano recién rallado, para servir

Engrase una cacerola con un poco de aceite vegetal. En una cacerola grande, blanquee las judías verdes durante 5 minutos, escurra y refresque con agua fría. Reserve. Derrita la mantequilla en la cacerola, añada la cebolla y el ajo, y cueza a fuego lento 10 minutos, hasta que estén tiernos. Agregue las setas y cueza 5 minutos. Incorpore la harina y cueza 3 minutos más, sin dejar de remover. Añada la leche, incorporándola al *roux* y a las verduras lentamente. Cueza a fuego lento hasta que la salsa espese. Agregue la salsa de soja y la pastilla de caldo de pollo sin dejar de remover. Salpimiente. Precaliente el horno a 175 ºC. Ponga las judías escurridas en la cacerola y vierta la salsa de setas. Cueza de 20 a 25 minutos, removiendo cada 5 minutos.

Mientras tanto, caliente el aceite en una sartén grande. Antes de que humee, añada la cebolla y cueza a fuego lento durante 15 minutos. Agregue el azúcar moreno y continúe cocinando unos 10 minutos. Suba el fuego y cocine 2 minutos, sin dejar de remover, hasta que las cebollas adquieran un tono dorado oscuro y estén caramelizadas. Retire del fuego y conserve en caliente. Cuando las judías estén calientes, retire la cacerola del horno, cubra con las cebollas y esparza con las nueces y un poco de queso parmesano. Sirva inmediatamente.

Para 6 raciones

cacerola de berenjena, tomate y calabacín

véanse variaciones en la página 225

Repleta de sabor y con reminiscencias de las cálidas noches de verano, esta cacerola calienta y reconforta en cualquier estación.

5 cucharadas de aceite de oliva virgen extra, y un poco más para engrasar
4 calabacines (de 18 cm de largo) cortados en rodajas de 1,3 cm
6 tomates pera maduros en rodajas
2 berenjenas (de 18 cm de largo) cortadas en rodajas de 0,6 cm

4 dientes de ajo picados finos
3 cucharadas de hojas de romero frescas
sal y pimienta negra recién molida
30 g de queso parmesano rallado fino

Engrase una cacerola redonda con aceite. Precaliente el horno a 220 °C.

En la cacerola, coloque capas de rodajas de hortalizas, usando unas cuantas de cada tipo en cada capa. Agregue en cada una un poco de ajo, aceite, romero, sal y pimienta. Continúe formando capas hasta agotar todos los ingredientes. Rocíe la superficie con más aceite de oliva, espolvoree con queso parmesano y hornee de 50 a 60 minutos.

Para 4 raciones

aros de cebolla crujientes

véanse variaciones en la página 226

Las cebollas dulces, de la variedad vidalia, si puede encontrarlas, son las mejores para preparar estos aros de cebolla cubiertos de una crujiente y ligera masa, especiada con un poco de guindilla en polvo.

300 g de mezcla de harinas SG (*véase* pág. 16)
110 g de almidón de maíz
1 ½ cucharaditas de guindilla en polvo
1 cucharadita de ajo en polvo
sal

470 ml de agua con gas
3 cebollas grandes (dulces, si es posible)
aceite de girasol, para freír

En un cuenco grande, bata la mezcla de harinas, el almidón de maíz, la guindilla en polvo, el ajo en polvo y la sal. Incorpore el agua con gas para obtener una masa espesa.

Pele y corte las cebollas en rodajas y sepárelas en aros. Vierta el aceite en una sartén grande, hasta que alcance unos 8 cm, y caliente hasta 190 °C (utilice un termómetro). Sumerja los aros en la masa y deje que escurra el exceso. Introdúzcalos en el aceite con cuidado, unos cuantos por vez, y fríalos durante 2 minutos por cada lado, hasta que se doren. Vigile la temperatura: debe mantenerla a 190 °C para lograr un resultado óptimo.

Ponga los aros, con la ayuda de una espumadera, en papel de cocina para que liberen el exceso de aceite, y reserve en caliente mientras fríe el resto. Sírvalos lo antes posible, espolvoreados con un poco de sal.

Para 6-8 raciones

bhuna aromática de patata y coliflor

véanse variaciones en la página 227

En este típico plato de la India, todas las especias se rehogan inicialmente en aceite para extraer su sabor. Especiado, aunque no picante, combina muy bien con el *korma* de pollo (*véase* pág. 156).

2 cucharadas de aceite de girasol
1 cebolla grande picada gruesa
2 dientes de ajo majados
2 cucharaditas de jengibre
    picado fino
2 guindillas verdes picadas finas
1 cucharadita de semillas
    de cilantro
1 cucharadita de semillas
    de mostaza

las semillas machacadas de
    6 vainas de cardamomo
1 cucharada de cúrcuma molida
2 cucharaditas de *garam masala*
1 cucharada de salsa de soja
2 cucharadas de azúcar moreno
2 patatas medianas peladas y
    cortadas en dados de 2,5 cm
1 lata de 400 g de tomates
    en conserva picados

450 g de ramitos de coliflor
4 cucharadas de cilantro picado
sal y pimienta fresca recién
    molida

En una sartén grande, caliente el aceite. Antes de que humee, añada la cebolla y el ajo. Cueza durante 5 minutos, hasta que estén tiernos. Agregue el jengibre, las guindillas y las especias. Cueza a fuego medio durante 5 minutos, para liberar los sabores. Incorpore la salsa de soja, el azúcar moreno, las patatas y los tomates. Tape y cueza a fuego lento durante 25 minutos, hasta que las patatas estén tiernas pero intactas.

Añada la coliflor y el cilantro. Tape y deje que cuezan unos 20 o 25 minutos más, hasta que la coliflor esté al dente. Salpimiente al gusto.

Para 4 raciones

cacerola de boniato

véanse variaciones en la página 228

Con zumo de naranja, pacanas, miel y un pequeño toque de guindilla chipotle en polvo, esta cacerola de boniato gusta a todos.

4 boniatos medianos
1 huevo
60 g de mantequilla derretida y enfriada
    ligeramente
3 cucharadas de zumo de naranja
1 cucharadita de extracto de vainilla

60 g de mantequilla sin sal
255 g de pacanas en mitades
110 g de miel
2 cucharadas de azúcar
1 cucharadita de guindilla chipotle en polvo
230 g de mininubes

Engrase una fuente de horno cuadrada de 23 cm y de bordes bajos, y precaliente el horno a 175 ºC. Pele los boniatos y córtelos en dados de unos 5 cm. En una cacerola grande, con agua a tres cuartas partes de su capacidad, hierva los boniatos de 15 a 20 minutos, hasta que estén tiernos. Escurra, vuelva a ponerlos en la cacerola y chafe con un tenedor. En un cuenco mediano, bata el huevo. Añada la mantequilla derretida, el zumo de naranja y la vainilla. Incorpore la mezcla a los boniatos. Póngalos en la fuente de horno.

En una cacerola mediana, derrita la mantequilla sin sal. Añada las pacanas, la miel, el azúcar y la guindilla chipotle en polvo. Cueza a fuego lento sin dejar de remover de 8 a 10 minutos, hasta que la mantequilla y el azúcar caramelicen las pacanas. Póngalas sobre un trozo de papel sulfurizado para que se enfríen.

Extienda las nubes sobre los boniatos en una única capa y distribuya las pacanas caramelizadas. Hornee de 30 a 35 minutos, hasta que las nubes se tuesten un poco. Baje la temperatura si se doran con demasiada rapidez. Sirva caliente.

Para 6 raciones

hamburguesitas de calabaza y quinua

véanse variaciones en la página 229

La calabaza es una de las hortalizas más versátiles. Su sabor combina bien con la quinua
y el arroz para preparar estas deliciosas hamburguesitas. Constituyen una guarnición saciante
o un plato vegetariano estupendo.

1 calabaza mediana
1 cucharada de aceite de oliva
230 g de quinua
470 ml de agua
1 pastilla de caldo de pollo o verduras
85 g de arroz salvaje

85 g de arroz basmati
aceite en espray para cocinar
110 g de cebollas tiernas cortadas en rodajas finas
85 g de arándanos rojos deshidratados
1 cucharada de salvia seca
sal y pimienta negra recién molida

Precaliente el horno a 200 °C. Corte la calabaza por la mitad, quite las semillas y coloque en una fuente
refractaria. Rocíe con aceite de oliva y hornee durante 1 hora, o hasta que esté tierna. Sáquela del
horno y deje que se enfríe lo suficiente para poderla manipular. Saque la carne con la ayuda de una
cuchara y póngala en un cuenco grande. Reserve. En una cacerola mediana, hierva la quinua en 470 ml
de agua con una pastilla de caldo de pollo de 10 a 12 minutos, hasta que absorba toda el agua.
Retire del fuego, ahueque con un tenedor, tape y reserve durante 10 minutos.

En una cacerola grande lleve a ebullición agua. Añada los arroces salvaje y basmati, y cueza durante
20 minutos. Escurra y reserve. Engrase un molde con el aceite en espray. Incorpore la quinua y el arroz
al puré de calabaza, y añada los ingredientes restantes. Con las manos, forme hamburguesitas con la
mezcla. Colóquelas en la fuente del horno, rocíe con un poco de aceite y hornee de 15 a 20 minutos.
Sirva calientes, tibias o frías.

Para 6 raciones

arroz salvaje al horno con escalonias, arándanos rojos y pacanas

véanse variaciones en la página 230

Un caldo de pollo de calidad aporta un sabor intenso al arroz durante la cocción. Los arándanos rojos le dan un toque de color y las pacanas crujientes aportan interés.

1 cucharada de aceite de girasol
1 cucharada de mantequilla sin sal
2 escalonias grandes picadas finas
170 g de arroz de grano largo
60 g de arroz salvaje
600 ml de caldo de pollo de calidad

85 g de arándanos rojos deshidratados
1 hoja de laurel
½ cucharadita de tomillo seco
sal y pimienta fresca recién molida
60 g de pacanas picadas
2 cucharadas de perejil fresco picado

Precaliente el horno a 190 °C.

En una cacerola grande y resistente al fuego, caliente el aceite y la mantequilla. Añada las escalonias y cueza 5 minutos a fuego lento, hasta que estén tiernas. Agregue los arroces y remueva para que los granos se impregnen de aceite. Incorpore el caldo, los arándanos rojos, la hoja de laurel, el tomillo y sal y pimienta. Lleve a ebullición y retire del fuego. Cubra y hornee de 40 a 45 minutos, hasta que el arroz esté cocido y tierno.

Saque la cacerola del horno, remueva, retire la hoja de laurel y sazone si es necesario. Incorpore las pacanas y el perejil. Sirva caliente, tibio o frío.

Para 6 raciones

risotto de limón y guisantes

véanse variaciones en la página 231

Se trata de un *risotto* encantadoramente fresco y veraniego, con un sutil sabor cítrico y un toque muy ligero de ajo.

950 ml de caldo
240 ml de vino blanco
60 g de mantequilla
1 cebolla pequeña picada fina
1 diente de ajo majado
340 g de arroz arborio crudo

½ cucharadita de tomillo fresco
170 g de guisantes frescos o congelados
la ralladura y el zumo de 1 limón
30 g de queso parmesano rallado fino,
  y un poco más para servir
sal y pimienta negra recién molida

En una jarra grande, mezcle el caldo con el vino. Derrita la mantequilla a fuego medio en una cacerola grande. Añada la cebolla y el ajo y cueza 5 minutos, hasta que estén tiernos. Agregue el arroz y remueva para que se impregne con la mantequilla. Incorpore el tomillo. Mantenga a fuego medio y vierta el caldo con el vino poco a poco. Remueva continuamente mientras el líquido se absorbe, antes de agregar más. Continúe removiendo unos 30 minutos, hasta que el líquido añadido se absorba y el arroz esté cocido, pero aún tenga cierta consistencia. Incorpore los guisantes después de 20 minutos de cocción.

Justo antes de servir, añada la ralladura y el zumo de limón y el queso parmesano. Salpimiente al gusto, y sirva inmediatamente con escamas de queso parmesano esparcidas por encima.

Para 4-6 raciones

ensalada de quinua y aguacate con aderezo de naranja

véanse variaciones en la página 232

Esta apetitosa ensalada se prepara con antelación y resulta tan colorida que apetecerá incluso a los más quisquillosos de la familia.

para el aderezo de naranja
90 ml de aceite de oliva virgen extra
3 cucharadas de vinagre de vino blanco
2 cucharadas de zumo de mandarina
2 cucharaditas de mostaza de Dijon
2 cucharaditas de zumo de lima
sal y pimienta negra recién molida

para la ensalada
470 ml de agua
230 g de quinua
1 lata de 310 g de mandarinas en conserva
110 g de pimientos amarillos sin semillas
    y cortados en dados
60 g de cerezas deshidratadas
4 cebollas tiernas cortadas en rodajas finas
1 aguacate pelado sin hueso y cortado en dados
60 g de pacanas picadas
3 cucharadas de perejil fresco picado

En una jarra mediana, bata los ingredientes del aliño y reserve. Lleve el agua a ebullición en una cacerola grande. Agregue la quinua y cueza a fuego lento unos 10 a 12 minutos, hasta que absorba toda el agua. Retire del fuego, ahueque con un tenedor, tape y deje que repose durante 10 minutos. Páselo a un cuenco grande y deje que se enfríe 10 minutos más. Escurra las mandarinas y añádalas a la quinua. Incorpore el pimiento amarillo, las cerezas deshidratadas y las cebollas tiernas. Tape y deje que se enfríe. Justo antes de servir, agregue el aguacate, las pacanas picadas y el perejil. Sirva con el aliño de naranja.

Para 4 raciones

ensalada mixta de tomate con aderezo de melaza a la granada

véanse variaciones en la página 233

Los tomates adoran el azúcar, así que el dulzor de la melaza a la granada en el aderezo resalta su sabor de una manera fantástica. Busque una variedad de tomates de colores diferentes (una frutería especializada es un lugar ideal).

para el aderezo
355 ml de zumo de granada
2 cucharaditas de zumo de limón
2 cucharadas de azúcar
2 cucharadas de aceite de oliva virgen extra
2 escalonias picadas finas

para la ensalada
700 g de tomates pequeños (de colores variados, si es posible)
60 g de queso feta desmenuzado
3 cucharadas de cilantro fresco picado, y un poco más para servir
40 g de granada

Para preparar la melaza a la granada, lleve a ebullición los zumos de granada y de limón y el azúcar en una cacerola mediana a fuego medio, hasta que el líquido espese, adquiera la consistencia de un almíbar y reduzca a unos 90 ml. Reserve para que se enfríe. Prepare el aderezo mezclando la melaza a la granada fría, el aceite de oliva y las escalonias.

Justo antes de servir, incorpore bien los tomates, el queso feta y el cilantro en un cuenco para servir. Vierta el aderezo. Esparza un poco de cilantro y la granada. Sirva inmediatamente.

Para 4 raciones

gratín delfinés de patata con ajo y queso suizo

véanse variaciones en la página 234

Se preparan capas de patata, queso suizo, cebolla y ajo, y se hornea hasta que los sabores se fusionan y la cobertura se dora.

2 cucharadas de mantequilla, y un poco más
    para engrasar
900 g de patatas
1 cebolla grande picada fina
2 dientes de ajo picados finos
230 g de queso suizo rallado fino
sal y pimienta negra recién molida
240 ml de crema de leche

Engrase una cacerola refractaria grande con un poco de mantequilla. Precaliente el horno a 190 °C.

Pele las patatas y córtelas en rodajas finas. Coloque una capa de patatas, solapándolas, en el fondo del plato. Cubra con pequeños copos de mantequilla. Esparza una parte de la cebolla, el ajo y el queso, y salpimiente. Vierta unos 60 ml de la crema de leche. Repita las capas hasta agotar todos los ingredientes. Termine con una capa de queso y, por último, el resto de la crema de leche.

Cubra y hornee al menos durante 1 hora, o hasta que, al pinchar un palillo, las patatas estén tiernas. Si la cobertura no está suficientemente dorada, ponga el gratín en el grill durante 5 minutos.

Para 4 raciones

arroz *pilaf*

véanse variaciones en la página 235

Se tata de un acompañamiento perfecto para los platos con mucha salsa, como el *korma* de pollo (*véase* pág. 156).

340 g de arroz basmati
1 cucharada de mantequilla
1 cebolla pequeña picada fina
2 vainas de cardamomo
½ cucharadita de comino molido
½ cucharadita de canela en polvo

una pizca de azafrán
1 hoja de laurel
sal y pimienta negra recién molida
300 ml de caldo de pollo caliente
1 puñado de almendras fileteadas tostadas
cilantro fresco picado, para servir

Lave el arroz bajo el grifo y escúrralo. En una cacerola mediana, derrita la mantequilla y rehogue la cebolla a fuego lento durante unos 10 minutos, o hasta que esté tierna y un poco dorada. Añada las especias y los condimentos, y cueza durante 5 minutos. Ponga el arroz en la cacerola. Remuévalo para que se impregne bien de mantequilla y agregue el caldo. Mezcle bien y tape la cacerola primero con papel de aluminio y después con una tapa, para que esté bien sellada. Cueza muy lentamente durante 10 minutos. A continuación, apague el fuego y deje que repose unos 5 minutos más sin retirar la tapa.

Para servir, ahueque el arroz con un tenedor, y sirva con las almendras fileteadas tostadas y cilantro fresco picado.

Para 4 raciones

variaciones

pimientos rellenos

véase receta en la página 197

pimientos rellenos con carne de cordero picada y comino
Prepare la receta base, pero sustituya la mitad del arroz por 230 g de carne de cordero picada. Añada 1 cucharadita de comino molido y otra de cilantro molido a la mezcla del relleno.

pimientos rellenos con calabaza y queso suizo
Elabore la receta base, pero sustituya la mitad del arroz por 230 g de calabaza en dados y 110 g de queso suizo rallado fino.

pimientos rellenos con calabacín
Prepare la receta base, pero añada a la mezcla 110 g de calabacín en dados.

pimientos rellenos con alubias rojas y guindilla
Elabore la receta base, pero sustituya 85 g del arroz por 170 g de alubias rojas en conserva escurridas. Agregue a la mezcla 1 cucharadita de guindilla en polvo.

variaciones

cuñas de patata especiadas con mojo de crema de leche agria

véase receta en la página 198

cuñas de boniato especiadas con mojo de crema de leche agria
Prepare la receta base, pero sustituya las patatas por boniatos.

patatas asadas con romero
Elabore la receta base, pero reemplace la mitad de las patatas por boniatos. Corte en dados de aproximadamente 1,3 cm y espolvoree con romero seco en lugar de las especias de Cajún.

patatas de Casey con pimiento
En lugar de la receta base, corte las patatas en dados de aproximadamente 0,6 cm. En un cuenco grande, mezcle con 1 cebolla pequeña picada fina, 1 pimiento sin semillas picado fino, 20 g de harina de arroz blanco, una pizca de pimentón, 2 cucharadas de perejil fresco picado, 60 g de queso cheddar rallado fino, sal y pimienta negra recién molida. Pase la preparación a una cacerola engrasada, cubra con 120 ml de leche caliente y la misma cantidad de crema de leche espesa y hornee a 200 °C durante 1 hora, o hasta que las patatas estén cocidas.

cuñas de patata especiadas sin lácteos con mayonesa de miel y mostaza
Prepare la receta base, pero sustituya la mantequilla por aceite de oliva y la crema agria por 5 cucharadas de mayonesa de calidad mezclada con 1 cucharada de mostaza de Dijon y otra de miel.

variaciones

cacerola de judías verdes con ajo y nueces

véase receta en la página 200

cacerola de judías verdes con ajo, nueces y piñones
Prepare la receta base, pero añada 85 g de piñones a las judías verdes antes de verter
la salsa.

cacerola de judías verdes con ajo, nueces y salsa de queso
Elabore la receta base, pero sustituya las setas por 110 g de queso cheddar rallado
y 1 cucharadita de mostaza de Dijon.

cacerola de judías verdes con tomate y espinacas
Prepare la receta base, pero sustituya las setas por 110 g de queso cheddar rallado
fino y 1 cucharadita de mostaza de Dijon. Añada 1 tomate sin piel ni semillas
y troceado, y 30 g de hojas frescas de espinacas a las judías antes de verter la salsa.
Omita las nueces.

cacerola de judías verdes sin lácteos, con ajo y nueces
Elabore la receta base, pero sustituya la mantequilla por margarina y la leche
por leche de arroz. Omita el queso parmesano.

variaciones

cacerola de berenjena, tomate y calabacín

véase receta en la página 203

cacerola de berenjena, tomate y calabacín con escalonias
Prepare la receta base, pero añada a las capas 3 escalonias picadas finas.

cacerola de berenjena, tomate y calabacín con guindillas
Prepare la receta base, pero agregue a las capas 2 guindillas suaves finamente picadas.

cacerola de berenjena y calabacín con queso y cebollino
Prepare la receta base, pero añada a las capas 60 g de queso cheddar rallado y sustituya
el romero por cebollino picado. Cubra con queso parmesano.

cacerola de verduras con albahaca y pimientos
Elabore la receta base, pero sustituya 2 calabacines por 2 pimientos sin semillas
y en rodajas, y el romero por 40 g de albahaca fresca picada.

variaciones

aros de cebolla crujientes

véase receta en la página 204

aros de cebolla crujientes con mojo de guindilla
Prepare la receta base, y sirva con salsa de guindilla. Para ello, mezcle 3 cucharadas de salsa de guindilla dulce con otro tanto de kétchup y de salsa picante media.

tiras de calabacín crujientes
Elabore la receta base, pero sustituya las cebollas por 4 o 5 calabacines cortados en tiras.

bastones de zanahoria crujientes
Prepare la receta base, pero sustituya las cebollas por 3 o 4 zanahorias peladas y cortadas en bastones.

aros de cebolla crujientes con salsa cremosa de *remoulade*
Elabore la receta base. Mezcle 110 g de mayonesa, 2 cucharaditas de kétchup, la misma cantidad de salsa de rábanos picantes, ¼ de cucharadita de pimentón, ⅛ de cucharadita de ajo en polvo, otro tanto de orégano seco y una pizca de sal, pimienta y pimienta de Cayena.

variaciones

bhuna aromática de patata y coliflor

véase receta en la página 207

bhuna aromática de boniato y coliflor
Prepare la receta base, pero sustituya las patatas por boniatos.

bhuna aromática de patata y coliflor con pimientos
Elabore la receta base, pero añada a la sartén 1 pimiento rojo, sin semillas y en rodajas, junto con la cebolla.

aloo bombay
Prepare la receta base, pero omita la coliflor y agregue otras 3 patatas medianas.

bhuna aromática de calabaza y coliflor
Elabore la receta base, pero sustituya las patatas por 450 g de calabaza pelada y cortada en dados.

bhuna de verduras
Prepare la receta base, pero emplee verduras variadas, como zanahoria, calabacín, coliflor, boniatos, guisantes y maíz. Si la salsa está demasiado líquida, espésela con 2 cucharaditas de almidón de maíz desleído en un poco de agua para formar una pasta.

variaciones

cacerola de boniato

véase receta en la página 208

cacerola de boniato con cobertura de *streusel*

Prepare la receta base, pero sin la cobertura de pacanas y mininubes. Mezcle 110 g
de azúcar moreno con 40 g de harina de arroz blanco. Incorpore 60 g de mantequilla
hasta que adquiera una textura semejante al pan rallado. Agregue 85 g de pacanas
picadas y distribuya sobre los boniatos. Hornee de 25 a 30 minutos.

cacerola de boniato con cobertura de merengue

Elabore la receta base, pero sin la cobertura de pacanas y mininubes. En un cuenco
mediano, bata 2 claras de huevo hasta que formen picos suaves. Incorpore poco
a poco, sin dejar de batir, 60 g de azúcar blanquilla. Bata hasta que la mezcla esté
dura. Ponga en una manga pastelera con una boquilla grande y forme picos pequeños
sobre los boniatos. Hornee de 25 a 30 minutos, hasta que el merengue se dore y esté
crujiente.

cacerola de boniato con coco

Prepare la receta base, pero añada 40 g de coco rallado a la preparación de boniato
y huevo.

cacerola de boniato sin lácteos

Elabore la receta base, pero sustituya la mantequilla por margarina tanto en la mezcla
de boniato como en las pacanas caramelizadas.

variaciones

hamburguesitas de calabaza y quinua

véase receta en la página 211

hamburguesitas de calabaza y quinua con beicon
Prepare la receta base. Añada a la mezcla 4 lonchas de beicon, fritas hasta que estén crujientes y desmenuzadas.

hamburguesitas de calabaza y quinua con guindilla y cilantro
Elabore la receta base, pero sustituya la salvia por 2 guindillas verdes y 30 g de cilantro fresco picado.

hamburguesitas de boniato y quinua
Prepare la receta base, pero sustituya la calabaza por puré de boniato. Pele y corte 2 boniatos grandes. Hierva durante 20 minutos, hasta que estén tiernos, y chafe.

hamburguesitas de calabaza y quinua con parmesano y albahaca
Elabore la receta base, pero sustituya la salvia por 30 g de albahaca fresca picada. Añada a la mezcla 2 cucharadas de parmesano rallado fino.

hamburguesitas de patata y quinua con col
Prepare la receta base, pero sustituya la calabaza y los arroces por 3 patatas grandes chafadas y 450 g de col verde cocida.

variaciones

arroz salvaje al horno con escalonias, arándanos rojos y pacanas

véase receta en la página 212

orzo al horno con escalonias, cerezas y nueces
Prepare la receta base, pero sustituya los arroces por *orzo*, los arándanos rojos por cerezas deshidratadas y las pacanas por nueces.

arroz jazmín al horno con maíz en grano, arándanos rojos y pacanas
Elabore la receta base, pero reemplace los arroces por arroz jazmín. Añada 170 g de maíz en grano 10 minutos antes de que finalice el tiempo de cocción.

arroz salvaje al horno con apio, cebollino, arándanos rojos y pacanas
Prepare la receta base, pero agregue 2 ramas de apio bien picadas a la sartén con el caldo. Sustituya el perejil por cebollino.

arroz salvaje al horno con guisantes, parmesano, arándanos rojos y pacanas
Elabore la receta base, pero añada 170 g de guisantes frescos o congelados 20 minutos antes de finalizar la cocción. Agregue 30 g de queso parmesano bien rallado junto con el perejil.

arroz salvaje sin lácteos con puerros y espinacas
Prepare la receta base, pero sustituya la mantequilla por margarina. Agregue 1 puerro bien picado a la cacerola junto con las escalonias. Añada 60 g de hojas frescas de espinacas 15 minutos antes de que finalice el tiempo de cocción.

variaciones

risotto de limón y guisantes

véase receta en la página 214

risotto de limón y calabacín

Prepare la receta base, pero sustituya los guisantes por 1 calabacín picado fino.

risotto de limón, puerros y salvia

Elabore la receta base, pero omita los guisantes. Añada 1 puerro picado fino a la cacerola con la cebolla. Sustituya las hojas de tomillo por 2 cucharaditas de salvia seca.

risotto de tomates secados al sol y albahaca

Prepare la receta base, pero omita el tomillo y añada 70 g de tomates secos picados y 40 g de albahaca fresca picada con el queso parmesano.

risotto de calabaza asada y azafrán

Elabore la receta base, pero omita los guisantes. Ase 230 g de calabaza pelada, sin semillas y cortada en dados, rociada con aceite, a 200 ºC durante 20 minutos. Agregue al *risotto* con el queso parmesano. Añada unas hebras de azafrán al arroz.

risotto con limón, espárragos y menta sin lácteos

Prepare la receta base, pero sustituya la mantequilla por aceite de oliva, el tomillo por 2 cucharaditas de menta fresca picada y los guisantes por puntas de espárragos.

variaciones

ensalada de quinua y aguacate con aderezo de naranja

véase receta en la página 217

ensalada de quinua y aguacate con arándanos rojos
Prepare la receta base, pero sustituya las cerezas por arándanos rojos deshidratados.

ensalada de quinua y manzana con aderezo de miel y mostaza
Elabore la receta base, pero reemplace el aguacate y las mandarinas por 1 manzana golden delicious pelada, sin corazón y cortada en dados. Omita el zumo de naranja en el aderezo y agregue 1 cucharada de miel.

ensalada de arroz integral y apio con aderezo asiático
Prepare la receta base, pero sustituya la quinua por 510 g de arroz integral hervido y el aderezo de naranja por un aderezo asiático. Para ello, mezcle 4 cucharadas de salsa de soja, 2 cucharadas de mostaza de Dijon, ½ cucharadita de aceite de sésamo, la misma cantidad de jengibre picado fino y 2 cucharadas de agua.

variaciones

ensalada mixta de tomate con aderezo de melaza a la granada

véase receta en la página 218

ensalada mixta de tomate con salsa de guindilla

Prepare la receta base, pero omita el aderezo y la granada. Elabore la salsa de guindilla mezclando 1 cebolla roja pequeña picada fina, 1 diente de ajo picado muy fino, 30 g de cilantro fresco picado, 1 cucharadita de aceite de oliva virgen extra, 1 cucharadita de zumo de lima, 1 guindilla roja picada fina, sal y pimienta. Sirva sobre la ensalada de tomate.

ensalada mixta de tomate y albahaca con vinagreta

Elabore la receta base, pero omita la granada. Sustituya el cilantro por albahaca y el aderezo por una vinagreta. Para ello, mezcle 60 ml de aceite de oliva virgen extra, 1 cucharada de vinagre de vino tinto, 1 escalonia pequeña finamente picada, sal y pimienta negra recién molida.

ensalada mixta de tomate y tirabeques con vinagreta de ajo

Prepare la receta base, pero sustituya la granada por 85 g de tirabeques troceados. Sirva con la vinagreta de la variante anterior, pero con 1 diente de ajo picado muy fino y cilantro en lugar de albahaca.

variaciones

gratín delfinés de patata con ajo y queso suizo

véase receta en la página 220

gratín delfinés de patata con queso cheddar
Prepare la receta base, pero sustituya la crema de leche por leche y el queso suizo
por cheddar.

gratín delfinés de patata con tomate
Elabore la receta base, pero añada a las capas 4 tomates picados sin piel ni semillas
y 2 cucharadas de perejil fresco picado.

gratín delfinés de patata con maíz en grano
Prepare la receta base, pero incorpore a las capas 170 g de maíz en grano.

gratín delfinés de patata con jamón
Elabore la receta base, pero añada a las capas 230 g de jamón en lonchas muy finas.

patatas panaderas sin lácteos
Prepare la receta base, pero sustituya la mantequilla para engrasar por aceite
y la mantequilla y la crema de leche por caldo de pollo o vegetal de calidad.
Omita el queso.

variaciones

arroz *pilaf*

véase receta en la página 221

arroz español
Prepare la receta base, pero omita las vainas de cardamomo y el comino. Agregue
a la cebolla 1 pimiento rojo en rodajas y 2 dientes de ajo majados. Incorpore
40 g de aceitunas negras sin hueso picadas al ahuecar el arroz.

arroz tailandés con coco
Elabore la receta base, pero omita las vainas de cardamomo y el comino. Añada al caldo
1 cucharada de pasta roja de curry tailandés. Incorpore 30 g de coco rallado sin endulzar
y 40 g de cilantro fresco picado.

arroz marroquí con setas y perejil
Prepare la receta base, pero añada a la cebolla dos dientes de ajo majados y 110 g de setas
picadas. Antes de servir, incorpore la ralladura de 1 limón y 40 g de perejil fresco picado.

arroz *pilaf* sin lácteos, con garbanzos y espinacas
Elabore la receta base, pero sustituya la mantequilla por aceite de girasol. Caliente
el contenido de 1 frasco de garbanzos de 400 g y 60 g de espinacas frescas. Escurra
y añada al arroz antes de servir.

postres

En este capítulo encontrará delicias tentadoras

que encantarán al invitado o al miembro de la familia

más exigente. Con toda seguridad no echará de menos

el gluten.

pastel de naranja y polenta

véanse variaciones en la página 268

La polenta, o harina de maíz fina, constituye una base excelente para un pastel. Con naranjas en la mezcla y servido caliente con helado, es un postre delicioso.

170 g de mantequilla sin sal ablandada
170 g de azúcar
4 huevos grandes
230 g de almendras molidas
110 g de polenta fina (harina de maíz fina)
60 g de harina de arroz

2 cucharaditas de levadura en polvo
½ cucharadita de goma xantana
½ cucharadita de sal
la ralladura y el zumo de 2 naranjas
azúcar blanquilla, para servir

Engrase un molde redondo de 20 cm. Forre la base y los laterales con papel sulfurizado. Precaliente el horno a 160 ºC.

En un cuenco grande, bata la mantequilla junto con el azúcar hasta que esté ligero y esponjoso. Agregue los huevos poco a poco, batiendo bien después de cada adición. En un cuenco grande, mezcle las almendras molidas, la polenta, la harina de arroz, la levadura en polvo, la goma xantana y la sal. Añada a la preparación de mantequilla junto con la ralladura y el zumo de naranja. Póngala en un molde, nivele la superficie con un cuchillo paleta y hornee unos 45 minutos, o hasta que, al insertar un palillo en el centro, este salga limpio.

Retire del horno, saque el pastel del molde y deje que se enfríe sobre una rejilla. Espolvoree un poco de azúcar sobre la superficie del pastel. Sirva tibio o frío.

Para 1 pastel

pastel de merengue y avellanas con *coulis* de frambuesas

véanse variaciones en la página 269

Resulta ideal para las ocasiones especiales. Si rellena el pastel con el merengue al menos 3 horas antes de servir, podrá cortarlo con facilidad.

90 g de avellanas sin cáscara
4 claras de huevo
300 g de azúcar granulado
2 cucharaditas de extracto de vainilla
½ cucharadita de vinagre de vino blanco
355 ml de crema de leche (35 % M. G.)

60 g de azúcar
230 g de frambuesas frescas para el *coulis*
110 g de frambuesas frescas para el relleno
4 cucharadas de azúcar de lustre, y un poco
    más para espolvorear

Engrase y enharine la base y los laterales de 2 moldes de 20 cm y forre la base con papel sulfurizado. Precaliente el horno a 190 °C. En una sartén pequeña, tueste las avellanas a fuego medio. Deje que se enfríen. Póngalas en un robot de cocina y tritúrelas bien. Viértalas en un cuenco pequeño y reserve hasta que se enfríen completamente.

En un cuenco grande, bata las claras, a ser posible con un batidor manual, ya que les dará más volumen. También puede usar un batidor eléctrico. Cuando comiencen a formar picos suaves, añada el azúcar, 1 cucharada con cada adición, y bata hasta que la mezcla esté muy consistente. Incorpore 1 cucharadita de extracto de vainilla, el vinagre y las avellanas picadas. Reparta la preparación entre los moldes y nivele la superficie suavemente con un cuchillo paleta. Hornee de 30 a 40 minutos. Vuelque sobre una rejilla para que se enfríe.

Para preparar el *coulis*, pase las frambuesas por un tamiz de nailon a un cuenco pequeño. Incorpore el azúcar de lustre sin dejar de batir, 1 cucharada en cada adición. Coloque en una jarra para servir, tape y reserve. En un cuenco, bata la crema de leche. Añada el extracto de vainilla restante y endulce con el azúcar. Coloque 1 pastel al revés sobre un plato, cubra con dos terceras partes de la crema de leche montada y esparza unas cuantas frambuesas. Cubra con el otro pastel.

Espolvoree el pastel con azúcar de lustre y utilice el resto de la crema de leche montada para decorar la superficie. Para servir, rocíe cada porción con un poco de *coulis* de frambuesas.

Para 6 porciones

pastel de zanahoria y piña con cobertura de queso crema

véanse variaciones en la página 270

Jugoso y sabroso, el pastel de zanahoria es un clásico. Ahora puede disfrutar de él en la versión sin gluten. La piña le aporta un toque tropical.

120 ml de aceite de girasol
110 g de azúcar
110 g de azúcar moreno
3 huevos
2 cucharadas de zumo de naranja
130 g de almidón de maíz
90 g de almidón de patata
30 g de harina de arroz
1 cucharadita de bicarbonato
  sódico
1 cucharadita de levadura
  en polvo

2 cucharaditas de canela
  en polvo
1 cucharadita de nuez moscada
  molida
1 cucharadita de jengibre molido
½ cucharadita de sal
1 cucharadita de goma xantana
40 g de pacanas picadas
40 g de piña escurrida
  y triturada
3 zanahorias grandes ralladas
  finas

para la cobertura
110 g de mantequilla sin sal
  a temperatura ambiente
230 g de queso crema a
  temperatura ambiente
1 pizca de sal
450 g de azúcar de lustre
  tamizado
1 cucharadita de extracto
  de vainilla

Engrase 2 moldes redondos de 20 cm con un poco de aceite y forre las bases con papel sulfurizado. Precaliente el horno a 160 ºC. En un cuenco grande, bata el aceite, el azúcar, el azúcar moreno, los huevos y el zumo de naranja. En otro cuenco, mezcle los almidones de maíz y el de patata, la harina de arroz, el bicarbonato sódico, la levadura, las especias, la sal y la goma xantana. Haga un hueco en el centro y vierta los ingredientes húmedos. Incorpore las pacanas, la piña y las zanahorias ralladas. Mezcle y reparta entre los moldes. Nivele las superficies con un cuchillo paleta.

Hornee de 40 a 45 minutos, o hasta que, al insertar un palillo en el centro, este salga limpio.
Retire del horno y desmolde sobre una rejilla para que se enfríe totalmente.

Prepare la cobertura batiendo la mantequilla, el queso crema y la sal. Poco a poco, añada el azúcar
de lustre y la vainilla. Bata hasta conseguir una preparación ligera y esponjosa. Una los pasteles con
la cobertura y extiéndala sobre la superficie y los laterales. Refrigere hasta el momento de servir.

Para 1 pastel

bizcocho de arándanos y limón

véanse variaciones en la página 271

Un bizcocho de vainilla con arándanos cubierto con azúcar de lustre constituye un delicioso pastel para acompañar un café, un postre con crema pastelera o un helado.

110 g de mantequilla sin sal
110 g de azúcar blanquilla o granulado
2 huevos ligeramente batidos
la ralladura de 1 limón
1 cucharadita de extracto de vainilla

1 cucharadita de glicerina
230 g de mezcla de harinas leudantes SG
   (*véase* pág. 15)
4 cucharadas de leche (o menos)
110 g de arándanos

Engrase un molde cuadrado de 20 × 20 cm y precaliente el horno a 175 ºC.

En un cuenco grande, con un batidor eléctrico, mezcle la mantequilla con el azúcar hasta que estén ligeros y cremosos. Añada lentamente los huevos, batiendo después de cada adición, e incorpore la ralladura de limón, el extracto de vainilla y la glicerina. Agregue la preparación de harinas y la leche necesaria para conseguir la consistencia adecuada.

Incorpore los arándanos con cuidado. Pase la mezcla al molde y nivele la superficie. Hornee durante 30 minutos, hasta que suba y se dore. Sirva caliente, tibio o frío.

Para 9 porciones

roulade de chocolate y cerezas

véanse variaciones en la página 272

Con su delicioso sabor de chocolate y relleno de crema de leche montada dulce y cerezas, resulta excelente para una fiesta elegante o para impresionar a los amigos a la hora del café. Comience su preparación el día anterior.

170 g de chocolate negro troceado
3 cucharadas de agua
4 huevos, separadas las claras
    y las yemas

170 g de azúcar
30 g de azúcar de lustre tamizado
355 ml de crema de leche montada
170 g de cerezas deshuesadas

Engrase un molde de hornear de 20 × 30 cm y forre la base con papel sulfurizado. Precaliente el horno a 175 ºC. En un recipiente pequeño, caliente el chocolate con el agua hasta que se derrita. Reserve hasta que se enfríe ligeramente. En un cuenco mediano, bata las yemas con la mitad del azúcar hasta que la preparación esté espesa y cremosa. Incorpore el chocolate tibio.

En un cuenco grande, bata las claras hasta que estén rígidas. Continúe batiendo mientras incorpora poco a poco el azúcar restante. Añada progresivamente a la mezcla de chocolate. Pase al molde de horno y hornee de 25 a 30 minutos, hasta que esté firme. Retire del horno y deje que se enfríe en el molde durante 5 minutos. Tape con un trapo limpio y húmedo y deje que se enfríe toda la noche en la nevera. Retire el trapo con cuidado y vuelque sobre papel sulfurizado espolvoreado con una capa gruesa de azúcar de lustre. Retire el papel. Extienda tres cuartas partes de la crema de leche montada sobre el bizcocho, esparza cerezas y enrolle. Sirva inmediatamente o refrigere hasta el momento de servir.

Para 8 porciones

rollito de mermelada de fresas

véanse variaciones en la página 273

Se trata de un postre de la pastelería tradicional británica, relleno con una mermelada de fresa de calidad y enrollado. Sirva caliente con crema pastelera o bien con helado.

140 g de harina de arroz, y un poco
    más para enrollar
60 g de harina de tapioca
3 cucharadas de almidón de patata
1 cucharadita de levadura en polvo
70 g de azúcar

110 g de mantequilla sin sal, congelada y rallada
6-8 cucharadas de agua
8 cucharadas de mermelada de fresa
    de calidad
azúcar de lustre, crema pastelera o helado,
    para servir

En un cuenco grande, mezcle las harinas, el almidón de patata y la levadura. Añada el azúcar y la mantequilla rallada. Incorpore ligeramente con un tenedor. Agregue agua suficiente para obtener una masa suave. Forme una bola con los dedos y espolvoree con harina de arroz. Extienda film trasnparente sobre la superficie de trabajo, espolvoree con harina de arroz y coloque la masa encima.

Extienda con cuidado y forme un rectángulo de 20 × 27 cm. Cubra con mermelada de fresa, dejando un borde de 2,5 cm en toda la extensión. Con los dedos, humedezca ligeramente el borde con un poco de agua fría. Enrolle con cuidado, comenzando por el lado largo más alejado; use el film transparente para estirar la pasta hacia usted, formando un tubo. Presione un poco para sellar los bordes. Engrase papel sulfurizado y coloque el rollo encima, ayudándose con el film transparente. La masa es muy delicada y se rompe con facilidad. Enróllela en el papel sulfurizado y cierre los extremos con grapas.

Coloque sobre una bandeja de horno y hornee de 40 a 45 minutos, hasta que esté dorado. Retire del horno, desenvuelva, corte en 6 rebanadas y sirva inmediatamente, con crema pastelera o helado, y espolvoreado con azúcar de lustre.

Para 6 raciones

pastel de queso con fresas

véanse variaciones en la página 274

Este es un pastel de queso cremoso al estilo de Nueva York, cubierto con una capa de fresas glaseadas y decorado con crema de leche montada. Comience a prepararlo el día anterior.

110 g de mantequilla sin sal ablandada
110 g de azúcar
1 huevo
1 cucharadita de extracto de almendras
240 g de harina de bizcocho SG (*véase* pág. 16)

½ cucharadita de levadura en polvo
60 g de almendras laminadas
900 g de queso crema
230 g de azúcar
4 huevos
1 cucharadita de harina de arroz

1 cucharadita de extracto de vainilla
230 g de crema de leche agria
230 g de fresas limpias y escurridas
4 cucharadas de mermelada de fresa
300 ml de crema de leche montada (35 % M. G.)

Engrase generosamente los lados y el fondo de un molde desmontable de 26 cm. Precaliente el horno a 160 °C. En un cuenco grande, bata la mantequilla junto con el azúcar hasta que obtenga una preparación ligera y esponjosa. Incorpore el huevo y el extracto de almendras. A continuación, la mezcla de harinas y la levadura. Forme un círculo y colóquelo en el fondo del molde. Espolvoree la masa con almendras laminadas. Reserve. En un cuenco grande, con un batidor eléctrico, mezcle el queso crema, el azúcar, los huevos y la harina de arroz. Bata hasta que esté liso. Agregue el extracto de vainilla y la crema de leche agria. Vuelque en el molde sobre la base de masa. Hornee durante 60 minutos. Apague el horno y abra la puerta un poco. Deje el pastel de queso en el horno durante 30 minutos para que se enfríe. Retire del horno y refrigere, a ser posible toda la noche. Corte las fresas por la mitad a lo largo y dispóngalas en círculos encima del pastel de queso. En una cacerola pequeña, caliente la mermelada a fuego lento hasta que esté fluida y pincele la superficie de las fresas. Utilice una manga pastelera con una boquilla gruesa para aplicar rosetas de crema de leche alrededor del borde del pastel de queso para decorarlo. Refrigere hasta el momento de servir.

Para 1 pastel de queso de 26 cm

tarta francesa de manzana

véanse variaciones en la página 275

Este es un postre impresionante, ideal para servir en ocasiones especiales y delicioso, sobre todo si se acompaña con una cucharada de crema de leche montada.

1 base de tarta de 23 cm SG (*véase* pág. 17)

para el relleno
900 g de manzanas para hornear
60 g de mantequilla sin sal
170 g de azúcar

para la cobertura
3–5 manzanas dulces de postre
2 cucharadas de zumo de limón
2 cucharadas de azúcar para espolvorear
4 cucharadas de mermelada de albaricoque
      para glasear
crema de leche montada, para servir

Precaliente el horno a 200 °C. Siga las instrucciones de la página 17 para preparar y hornear parcialmente la base.

Para elaborar el relleno, pele las manzanas, retire el corazón y córtelas en rodajas. En una cacerola grande, derrita la mantequilla. Añada las manzanas y el azúcar. Tape y cueza a fuego lento de 20 a 25 minutos, hasta que las manzanas estén tiernas y esponjosas. Reserve hasta que se enfríen. Remueva bien con una cuchara de madera hasta que la mezcla esté lisa y extiéndala sobre la base parcialmente horneada.

Para la cobertura, pele, retire el corazón y corte las manzanas de postre en cuartos y después en láminas finas. Cubra con el zumo de limón y disponga en círculos sobre el relleno. Espolvoree con azúcar y hornee de 30 a 35 minutos, hasta que tanto la masa como las manzanas tengan un color dorado claro. Deje que se enfríe 10 minutos. Caliente la mermelada de albaricoque, pásela a un cuenco a través de un tamiz y pincele las manzanas con cuidado para glasearlas. Sirva tibia, acompañada de crema de leche montada.

Para 8 porciones

tarta de boniato con salsa de *toffee* y pacanas

véanse variaciones en la página 276

Los boniatos son extremadamente versátiles. Su atractivo es infinito, en especial si se utilizan para rellenar una base de tarta y se cubren con pacanas y un glaseado cremoso de *toffee*.

560 g de boniatos
1 base de tarta SG de 23 cm (*véase* pág. 17)
1 cucharadita de ralladura de naranja
85 g de azúcar moreno
2 cucharaditas de condimento para tarta
    de calabaza
2 huevos ligeramente batidos
470 ml de crema de leche para montar
3 cucharadas de brandy o zumo de naranja

para la salsa de pacanas y *toffee*
2 cucharadas de mantequilla sin sal
85 g de azúcar moreno
5 cucharadas de crema de leche montada
170 g de pacanas en mitades
azúcar de lustre, para servir

Precaliente el horno a 200 ºC. Pele los boniatos y córtelos en trozos de 5 cm. Llene una cacerola grande con agua a tres cuartas partes de su capacidad, añada los boniatos y lleve a ebullición. Cocine a fuego lento unos 30 minutos, o hasta que los boniatos estén muy tiernos. Escurra bien y pase por un chino. Reserve el puré en un cuenco grande para que se enfríe. Mientras los boniatos se cuecen, prepare y hornee parcialmente la masa, como se indica en la página 17. Cuando el puré de boniato se haya enfriado, añada la ralladura de naranja, el azúcar moreno y las especias para la tarta de calabaza. Incorpore los huevos batidos y mezcle bien. Agregue poco a poco la crema de leche y el brandy o el zumo de naranja, sin dejar de remover, y vierta con cuidado en la base de tarta. Hornee durante 40 minutos, justo hasta que cuaje. El centro aún debe estar un poco tierno. Reserve para que se enfríe ligeramente. Para preparar la cobertura, caliente la mantequilla con el azúcar moreno en una cacerola pequeña, sin dejar de remover, hasta que el

azúcar se disuelva. Añada la crema de leche y cueza a fuego lento durante 4 minutos, o hasta que burbujee y se espese un poco.

Retire del fuego, agregue las pacanas y deje que se enfríe ligeramente. Vierta a cucharadas sobre la tarta. Sírvala tibia o fría, espolvoreada con azúcar de lustre.

Para 8 porciones

profiteroles con salsa de chocolate

véanse variaciones en la página 277

Estos pequeños bocaditos de pasta *choux* son crujientes por fuera, están rellenos con
crema de leche montada ligera y esponjosa, y cubiertos con una exquisita salsa de chocolate.

90 g de harina de arroz
40 g de almidón de patata
½ cucharadita de sal
½ cucharadita de levadura
    en polvo
70 g de mantequilla sin sal
240 ml de leche entera

3 huevos grandes
180 ml de crema de leche
    (35 % M. G.)

para la salsa de chocolate
1 lata de 140 g de leche
    en polvo

60 g de chocolate negro
60 g de azúcar moreno
azúcar de lustre, para servir

Forre una bandeja de horno con papel sulfurizado y precaliente el horno a 190 °C. En un cuenco
pequeño, mezcle la harina de arroz, el almidón de patata, la sal y la levadura. En una cacerola mediana
a fuego medio, mezcle la mantequilla con la leche y lleve a ebullición. Agregue la preparación de harinas
y remueva vigorosamente hasta que la mezcla se separe de los lados de la cacerola. Añada los huevos,
uno a uno, sin dejar de batir hasta que estén incorporados. Ponga la preparación en una manga pastelera
con una boquilla acanalada o lisa y aplique pequeñas bolas (de unos 3 cm de diámetro) sobre papel
sulfuizado, dejando espacio para que suban. Hornee de 10 a 15 minutos, hasta que suban y se doren.

Retire del horno y páselas a una rejilla para que se enfríen. Haga un pequeño corte en la parte baja
del lateral de cada profiterol. Bata la crema de leche, póngala en una manga pastelera con una boquilla
pequeña y rellene cada profiterol. Refrigere hasta el momento de servir. Mientras tanto, prepare la salsa
de chocolate.

En una cacerola pequeña, caliente la leche en polvo con el chocolate y el azúcar moreno a fuego lento hasta que se disuelva el azúcar. Lleve a ebullición y cueza a fuego lento durante 3 minutos. Reserve para que se enfríe ligeramente. Disponga los profiteroles en forma de pirámide sobre un plato de servir, uno sobre otro. Si le sobra crema de leche montada, forme rosetas pequeñas de crema entre los profiteroles y espolvoree la pirámide con azúcar de lustre. Vierta la salsa de chocolate sobre la superficie para que gotee por los lados y sirva el resto de la salsa por separado.

Para 4 raciones

mousse de limón

véanse variaciones en la página 278

Ligero y cremoso, es un postre fresco ideal para finalizar una comida copiosa.

4 cucharaditas de gelatina neutra
3-4 cucharadas de agua
6 huevos grandes, separadas las claras
   de las yemas
230 g de azúcar

el zumo y la ralladura de 3 limones
300 ml de crema de leche para montar
180 ml de crema de leche (35 % M. G.), para servir
chocolate rallado, para servir

En un cuenco mediano, ponga en remojo la gelatina en el agua hasta que se ablande. En otro grande, bata las yemas de huevo con el azúcar hasta que obtenga una preparación ligera, pálida y esponjosa. Añada el zumo y la corteza de limón y la crema de leche para montar. Vuelva a batir.

En una cacerola pequeña, lleve 5 cm de agua a ebullición, y retírela del fuego. Coloque el cuenco de gelatina sobre el agua, no dentro de ella, y deje que se disuelva lentamente. Cuando forme hilos, añádala a la mezcla de limón.

En un cuenco grande, bata las claras hasta que se formen picos rígidos. Incorpórela suavemente a la preparación de limón y remueva justo hasta que se mezclen. Pásela a un cuenco para servir y refrigere hasta que cuaje, si es posible toda la noche.

Antes de servir, bata la crema de leche hasta que se formen picos suaves. Puede aplicarla en forma de remolinos con una manga pastelera sobre la superficie de la *mousse*, o extenderla sobre la superficie. Espolvoree con un poco de chocolate rallado.

Para 6 raciones

melocotones escalfados en marsala con crema de mascarpone

véanse variaciones en la página 279

Escalfados en marsala y muy fríos, los melocotones resultan suculentos y deliciosos.
Sirva con mascarpone y queso fresco, para conseguir un postre celestial.

4 melocotones firmes pero maduros
240 ml de vino dulce marsala
2 cucharadas de *amaretto*
4 cucharadas de azúcar
2 cucharadas de miel

1 cucharadita de almidón de maíz mezclado
   con 2 cucharaditas de agua
4 cucharadas de mascarpone italiano
   a temperatura ambiente
4 cucharadas de queso fresco
3 cucharadas de miel

Precaliente el horno a 160 °C. Corte los melocotones por la mitad, quite los huesos y colóquelos en un cuenco grande. Cubra con agua hirviendo, deje que repose 1 minuto, escurra y pélelos. Colóquelos en una fuente refractaria baja. En un cuenco mediano, mezcle el marsala con el *amaretto*, el azúcar y la miel. Vierta la preparación sobre los melocotones. Hornee sin tapar de 25 a 30 minutos. Retire del horno y reserve para que se enfríen durante 10 minutos.

Ponga los melocotones en una fuente de servir, tape e introduzca en la nevera. Vierta el líquido de la fuente de horno en una cacerola pequeña. Lleve a ebullición. Mezcle el almidón de maíz con ese almíbar, removiendo hasta que espese. Reserve para que se enfríe y después vierta sobre los melocotones. Refrigere unas 6 horas, hasta que se enfríe bien. En un cuenco mediano, incorpore el mascarpone, el queso fresco y la miel. Tape y refrigere hasta el momento de servir. Sirva dos mitades de melocotón por persona, rociadas con la salsa y con crema de mascarpone a un lado.

Para 4 raciones

bolas de helado de praliné cubiertas de chocolate

véanse variaciones en la página 280

Este helado casero de praliné cubierto de chocolate tiene un aspecto impresionante, pero es sorprendentemente fácil de preparar.

3 yemas de huevo
170 g de azúcar
300 ml de crema de leche
2 cucharadas de café
   instantáneo en polvo

300 ml de crema de leche batida
   (35 % M. G.)
110 g de azúcar
85 g de almendras enteras
   sin blanquear

170 g de pepitas de chocolate
   negro derretidas y enfriadas
salsa de chocolate (*véase*
   pág. 254)

Engrase ligeramente un molde de horno con aceite vegetal y forre otro con papel de aluminio. En un cuenco grande, bata las yemas de huevo con el azúcar hasta que obtenga una preparación cremosa. En una cacerola mediana, lleve la crema de leche a ebullición con el café instantáneo en polvo. Vierta sobre las yemas de huevo y bata hasta que se mezcle bien. Cueza la preparación al baño maría, sin dejar de remover, hasta que adquiera una consistencia suficientemente espesa para cubrir el dorso de una cuchara. Pase por un tamiz a un cuenco y reserve para que se enfríe. Incorpore a la crema de leche montada. Ponga en un recipiente y congele unas 2 horas.

Para preparar el praliné, vierta el azúcar y las almendras en una cacerola pequeña de fondo grueso. Caliente hasta que el azúcar se caramelice y las almendras comiencen a abrirse. Ponga en el molde de horno engrasado y reserve para que se enfríen. Triture el praliné frío en un robot de cocina hasta que esté bien picado. Saque el helado del congelador después de 2 horas. Bátalo e incorpore el praliné

triturado. Introduzca de nuevo en el congelador hasta que esté firme. Forme pequeñas bolas con una cuchara y colóquelas sobre la bandeja forrada con aluminio. Congele unas 4 horas, hasta que estén sólidas.

Sujete cada bola de helado sobre el extremo redondeado de una broqueta o con las puntas de dos tenedores. Sumérjala rápidamente en el chocolate derretido y enfriado, y póngala de nuevo en la bandeja. Vuelva a congelar durante 30 minutos. Sirva directamente del congelador con salsa de chocolate.

Para 4-6 raciones

panna cotta con dulce de leche

véanse variaciones en la página 281

La cremosidad de este postre se ve reforzada por el dulce de leche. La combinación es simplemente celestial.

3 cucharaditas de gelatina neutra
3-4 cucharadas de agua fría
240 ml de leche entera
300 ml de crema de leche (35 % M. G.)

1 vaina de vainilla cortada a lo largo
    para extraer las semillas
60 g de azúcar
1 bote de 370 g de dulce de leche

En un cuenco pequeño, ponga en remojo la gelatina en el agua hasta que se ablande.

En una cacerola mediana, caliente la leche, la crema de leche, la vaina de vainilla con las semillas y el azúcar. Lleve a ebullición y retire la vaina de vainilla. Añada la gelatina, saque la cacerola del fuego y remueva hasta que se disuelva. Reparta la mezcla entre 4 ramequines y espere a que se enfríen. Refrigere hasta que cuajen (al menos 1 hora).

Para servir, desmolde cada *panna cotta* en un plato individual y cubra con 1 o 2 cucharadas de dulce de leche, con una forma bonita.

Para 4 raciones

brownies de chocolate con pacanas

véanse variaciones en la página 282

Todos adoran los *brownies*. Cuando se sirven calientes, con helado, crema de leche montada
y salsas de chocolate y caramelo de mantequilla (*véanse* págs. 22 y 254), se convierten
en un auténtico placer.

140 g de chocolate negro
   troceado
170 g de mantequilla sin sal
4 huevos
170 g de azúcar moreno
60 g de harina de arroz
60 g de almendras molidas

60 g de pepitas de chocolate
   negro
40 g de pacanas picadas
azúcar de lustre, para
   espolvorear

helado, crema de leche montada,
   salsa de chocolate y salsa
   de caramelo de mantequilla,
   para servir

Engrase un molde cuadrado de 20 × 20 cm y precaliente el horno a 175 °C. En una cacerola mediana,
caliente el chocolate negro a fuego lento junto con la mantequilla. Reserve para que se enfríe.

En un cuenco mediano, bata los huevos con el azúcar moreno unos 3 minutos, hasta conseguir una
preparación ligera y espumosa. Incorpore la mezcla enfriada de chocolate y mantequilla. Agregue
la harina de arroz, las almendras molidas, las pepitas de chocolate y las pacanas. Pase al molde
de hornear y hornee durante unos 30 minutos, o hasta que suba y esté firme al tacto. Deje
que se enfríe en el molde, y corte en 9 cuadrados. Espolvoree con azúcar de lustre. Para servir,
coloque un *brownie* en un plato, ponga encima una cucharada de helado, seguida de crema
de leche montada y rocíe con las salsas de chocolate y caramelo de mantequilla.

Para 9 raciones

blondies de sirope de arce con chocolate blanco y nueces

véanse variaciones en la página 283

Dicen que los auténticos adictos al chocolate adoran el chocolate blanco más que cualquier otro. Cuando se mezclan con sirope de arce y vainilla, estos *blondies* son divinos.

110 g de harina de arroz blanco
40 g de almidón de maíz
50 g de harina de maíz
1 cucharadita de levadura en polvo
½ cucharadita de goma xantana
½ cucharadita de sal

110 g de mantequilla sin sal, ablandada, y un poco más para engrasar
140 g de azúcar moreno
1 huevo grande ligeramente batido

120 ml de sirope de arce
1 cucharadita de extracto de vainilla
90 g de nueces picadas
60 g de chocolate blanco picado

Engrase un molde de horno de 20 × 20 cm y precaliente el horno a 175 °C.

En un cuenco mediano, mezcle bien las harinas, el almidón de maíz, la levadura, la goma xantana y la sal. En otro cuenco, con un batidor eléctrico, bata la mantequilla con el azúcar moreno. Incorpore el huevo. Añada la preparación de harinas, el sirope de arce y la vainilla. Continúe batiendo hasta que la masa esté ligera y esponjosa. Incorpore las nueces y el chocolate blanco. Páselo al molde de hornear y nivele la superficie con un cuchillo paleta. Hornee de 25 a 30 minutos, hasta que suba ligeramente y se dore.

Retire del horno y corte en 9 cuadrados. Deje en el molde durante 10 minutos, saque los trozos y colóquelos en una rejilla para que se enfríen del todo.

Para 9 blondies

variaciones

pastel de naranja y polenta

véase receta en la página 237

pastel bañado con limón
Prepare la receta base, pero sustituya las naranjas por la ralladura de 3 limones
y el zumo de 2. Utilice el zumo del tercer limón para elaborar un jarabe de limón
mezclándolo con 4 cucharadas de azúcar. Mientras el pastel aún esté caliente y en
el molde, perfore su superficie con un palillo y vierta el jarabe para que lo impregne.

pastel de naranja y polenta con piña
Prepare la receta base, pero añada a la mezcla 60 g de piña escurrida y triturada
junto con la ralladura y el zumo de naranja.

pastel de naranja y polenta con glaseado de naranja
Elabore la receta base. Tamice 140 g de azúcar de lustre en un cuenco mediano
y agregue 120 ml de zumo de naranja recién exprimido. Mezcle hasta que obtenga
una glasa espesa (que no se escurra del pastel) y nivélela sobre la superficie una
vez esté fría.

pastel de naranja y polenta sin lácteos y con pasas
Prepare la receta base, pero sustituya la mantequilla por margarina y añada 85 g
de pasas a la ralladura y el zumo de naranja.

variaciones

pastel de merengue y avellanas con *coulis* de frambuesas

véase receta en la página 238

pastel de merengue y avellanas con salsa de chocolate

Prepare la receta base, pero omita las frambuesas y el *coulis*. Caliente a fuego lento
una lata de 170 g de leche evaporada con 60 g de chocolate negro, sin dejar de remover.
Añada 85 g de azúcar moreno y hierva a fuego lento durante 3 minutos. Sirva con el pastel.

pastel de merengue y avellanas con fresas y *coulis* de frambuesas

Utilice fresas laminadas en el relleno. Sirva con el *coulis* de frambuesas.

pavlova de chocolate con fruta fresca

En lugar de la receta base, prepare un merengue con 6 claras de huevo, ½ cucharadita de
vinagre de vino blanco, 2 cucharadas de cacao en polvo de proceso holandés, 1 cucharada
de almidón de maíz y 340 g de azúcar. Ponga un círculo de 22 cm de diámetro de papel
sulfurizado sobre una bandeja de horno y vierta el merengue encima a cucharadas, levantando
un poco más los bordes. Hornee a 135 ºC durante 1 ½ horas. Deje que se enfríe. Rellene el
centro con crema de leche montada y decore con fruta fresca.

eton mess con *coulis* de frambuesas

Prepare el merengue, pero sin avellanas. Deje que se enfríe. Córtelo en trozos grandes y
mézclelo con la crema de leche montada. Incorpore 230 g de fresas limpias y cortadas. Sirva
en copas individuales, rociado con *coulis* de frambuesas.

variaciones

pastel de zanahoria y piña con cobertura de queso crema

véase receta en la página 240

pastel de zanahoria y coco con cobertura de queso crema
Prepare la receta base, pero añada a la masa 60 g de coco rallado sin endulzar junto con las zanahorias.

pastel de zanahoria y nueces con cobertura de queso crema
Elabore la receta base, pero sustituya las pacanas por nueces.

pastel de zanahoria y piña con pasas
Prepare la receta base, pero añada a la masa 85 g de pasas junto con las zanahorias.

pastel de zanahoria y piña sin lácteos
Elabore la receta base, pero omita la cobertura. Prepare una cobertura cremosa; para ello, mezcle 170 g de azúcar de lustre tamizado con 70 g de margarina y 1 cucharadita de extracto de vainilla hasta conseguir una preparación ligera y esponjosa.

bizcocho de arándanos y limón

véase receta en la página 242

bizcocho de frambuesas y coco
Prepare la receta base, pero sustituya la ralladura de limón por 40 g de coco rallado
sin endulzar y los arándanos por frambuesas.

bizcocho de cerezas
Prepare la receta base, omitiendo la ralladura de limón y sustituyendo los arándanos
por 110 g de cerezas deshuesadas. Sirva con 400 g de relleno de tarta de cereza
en conserva a modo de salsa.

bizcocho de arándanos y limón con cobertura de queso crema
Elabore la receta base. Haga una cobertura mezclando 110 g de azúcar de lustre tamizado
con 230 g de queso crema. Extienda sobre la superficie del pastel una vez frío.

bizcocho de chocolate y pera
Prepare la receta base, pero sustituya la ralladura de limón por 85 g de pepitas de chocolate
negro y los arándanos por 2 o 3 peras peladas, limpias y troceadas.

bizcocho de arándanos y lima sin lácteos
Elabore la receta base, pero reemplace la mantequilla por margarina, la leche por leche
de arroz y 2 de los limones por limas.

variaciones

roulade de chocolate y cerezas

véase receta en la página 245

roulade de chocolate y cerezas con relleno de crema de chocolate
Prepare la receta base. Añada al relleno 85 g de chocolate negro derretido y enfriado.

roulade de chocolate y frambuesas con crema de brandy
Elabore la receta base, pero sustituya las cerezas por frambuesas. Añada 2 cucharadas de brandy al relleno.

roulade de chocolate y pacanas con relleno de crema de café
Prepare la receta base, pero reemplace las cerezas por 85 g de pacanas troceadas. Agregue 2 cucharaditas de extracto de café al relleno.

roulade de chocolate y cerezas sin lácteos y con salsa de chocolate
Prepare el brazo base. En lugar del relleno de crema, bata 85 g de margarina con 2 cucharaditas de extracto de vainilla y 170 g de azúcar de lustre hasta conseguir una preparación lisa. Extienda sobre el bizcocho y añada las cerezas. Omita la decoración. Caliente 170 g de chocolate negro troceado con 150 ml de agua, 1 cucharadita de café instantáneo en polvo y 60 g de azúcar. Cueza a fuego lento 10 minutos y sirva como salsa caliente o fría para acompañar.

rollito de mermelada de fresas

véase receta en la página 246

rollito de mermelada de frambuesas y limón
Prepare la receta base, pero sustituya la mermelada de fresas por mermelada
de frambuesas. Después de extender la mermelada, añada al centro de la masa
1 cucharada de crema de limón. Enrolle.

rollito de mermelada de fresas y coco
Elabore la receta base, pero extienda 40 g de coco rallado endulzado sobre la mermelada.

rollito de mermelada de fresas con natillas
Prepare la receta base. Sírvalo con natillas. Caliente 300 ml de leche entera con 1 cucharadita
de extracto de vainilla, justo hasta que comience a hervir. En un cuenco mediano, bata
2 yemas de huevo con 1 cucharada de azúcar, vierta a la leche y bata con energía. Ponga
en la cacerola y remueva a fuego lento unos 5 o 6 minutos, hasta que la mezcla espese.
Sirva las natillas calientes, tibias o frías.

rollito de limón sin lácteos
Elabore la receta base, pero sustituya la mantequilla por grasa vegetal sólida y la
mermelada de fresa por crema de limón. También puede servirlo con crema pastelera
casera sin lácteos, sustituyendo la leche entera por leche de arroz o de avena en
la variante superior.

variaciones

pastel de queso con fresas

véase receta en la página 249

pastel de queso con fresas y chocolate blanco
Añada 170 g de pepitas de chocolate blanco a la mezcla antes de ponerla en el molde.

pastel de queso con pepitas de chocolate y crema de cacahuetes
Omita las almendras fileteadas en la receta base. Agregue 170 g de pepitas de chocolate y 85 g de pepitas de crema de cacahuete a la preparación antes de ponerla en el molde. Omita las fresas y glasee la superficie.

pastel de queso con frambuesas
Utilice frambuesas en lugar de fresas en la cobertura y glasee. Incluya 60 g de frambuesas en el pastel antes de hornear.

pastel de queso de chocolate blanco y nueces de macadamia
Siga la receta de los *blondies* (*véase* pág. 267) en lugar de la indicada. Distribuya nueces de macadamia troceadas y helado de caramelo en el pastel antes de hornear. Omita la cobertura y sirva con crema de leche montada y salsa de caramelo.

pastel de queso con cerezas y almendras
Sustituya las fresas y la mermelada de la cobertura por 230 g de relleno de tarta de cereza.

variaciones

tarta francesa de manzana

véase receta en la página 250

tarta de frutos rojos con queso fresco

En lugar de la receta base, hornee la base completamente. Mezcle 450 g de queso fresco con 6 cucharadas de azúcar de lustre y 2 cucharaditas de extracto de vainilla. Rellene la base, añada frutos rojos variados y rocíe con *coulis* de frambuesas (*véase* pág. 238).

tarta de almendras dulces y coco

En vez de la receta base, cubra la base parcialmente horneada con 4 cucharadas de mermelada de fresa. Caliente 110 g de margarina con la misma cantidad de azúcar, 60 g de almendras molidas y 40 g de coco rallado. Extienda de manera uniforme sobre la mermelada y hornee de 30 a 35 minutos a 190 ºC. Sirva caliente, tibia o fría.

tarta de pacanas

En lugar de la receta base, bata 3 huevos, 140 g de azúcar, 230 g de sirope dorado oscuro y 70 g de mantequilla derretida. Añada 170 g de pacanas en mitades y vierta en una base de tarta sin hornear. Hornee durante unos 50 minutos a 170 ºC, hasta que cuaje. Deje que se enfríe antes de servir.

tarta francesa de manzana sin lácteos

Prepare la receta base, pero sustituya la mantequilla por margarina en el relleno.

variaciones

tarta de boniato con salsa de *toffee* y pacanas

véase receta en la página 252

tarta de boniato y mantequilla de cacahuetes con salsa de *toffee* y pacanas
Prepare la receta base, pero omita la ralladura de naranja, las especias para tarta
de calabaza y el brandy. Sustituya por 110 g de crema de cacahuete sin trozos
y 60 g de pepitas de mantequilla de cacahuete.

tarta de boniato y caramelo de mantequilla con salsa de *toffee* y almendras
Elabore la receta base, pero omita la ralladura de naranja, las especias para tarta
de calabaza y el brandy. Sustituya por 170 g de pepitas de caramelo de mantequilla.
Reemplace las pacanas en la salsa por almendras fileteadas.

tarta de boniato y almendras con salsa de *toffee* y almendra
Prepare la receta base, pero sustituya la ralladura de naranja y las especias para tarta
de calabaza por 60 g de almendras molidas y 1 cucharadita de extracto de almendras.
Reemplace las pacanas de la salsa por almendras laminadas.

tarta de boniato y manzana con salsa de *toffee* y pacanas
Elabore la receta base, pero añada 1 manzana pelada, limpia y troceada (del tipo
golden delicious) al puré de boniato.

variaciones

profiteroles con salsa de chocolate

véase receta en la página 254

profiteroles con relleno de limón y salsa de limón
Prepare la receta base, pero añada 2 cucharaditas de ralladura de limón al relleno
de crema de leche montada. En lugar de la salsa de chocolate, caliente un frasco de
crema de limón (*lemon curd*).

profiteroles con relleno de café y salsa de chocolate
Elabore la receta base, pero agregue 2 cucharaditas de extracto de café al relleno
de crema de leche montada.

pastas *choux* con glaseado de café
Prepare la receta base. Forme círculos de masa *choux* con la manga para hacer bolas
pequeñas. Abra a lo largo y rellene con crema de leche montada. Prepare el glaseado
mezclando 230 g de azúcar de lustre con un poco de agua, 1 cucharadita de extracto
de café y 1 cucharadita de glicerina. Extienda sobre la superficie de las pastas
con un cuchillo.

eclairs de chocolate con glaseado de chocolate
Prepare la receta para los *choux* de chocolate (*superior*), y forme dedos de pasta
con la manga para hacer los *eclairs*. Para el glaseado, sustituya el extracto de café
por 60 g de chocolate derretido y enfriado.

variaciones

mousse de limón

véase receta en la página 256

mousse de frambuesas

Sustituya el zumo de limón por 6 cucharadas de *coulis* de frambuesa (*véase* pág. 238).
Añada 110 g de frambuesas frescas a las claras de huevo batidas.

mousse de fruta de la pasión

Omita los limones en la receta base. Sustituya por la carne y el zumo de 6 frutas
de la pasión, añadidos a las claras batidas.

mousse de limón y lima

Prepare la receta base, pero reemplace 1 limón por 1 lima.

mousse de albaricoques

Omita 2 limones. Cueza a fuego lento 450 g de albaricoques frescos con 1 cucharada
de agua hasta que estén tiernos. Retire del fuego, quite los huesos y deje que se enfríen.
Añada a las claras batidas.

mousse de chocolate sin lácteos

En lugar de la receta base, derrita a fuego suave 170 g de chocolate negro con
1 cucharada de margarina al baño maría. Añada 3 yemas de huevo sin dejar de batir
y 1 cucharada de extracto de café, e incorpore 3 claras de huevo batidas firmes.

variaciones

melocotones escalfados en marsala
con crema de mascarpone

véase receta en la página 258

nectarinas escalfadas en marsala con crema de mascarpone
Prepare la receta base, pero sustituya los melocotones por nectarinas.

melocotones escalfados en marsala con *parfait* de frambuesas
Elabore la receta base. Omita la crema de mascarpone. Congele el *coulis* de frambuesa
(*véase* pág. 238) durante 2 horas. Bata 2 claras hasta que estén firmes, e incorpore
110 g de azúcar hasta que esté muy consistente. Bata el *coulis* semicongelado con
un tenedor y añádalo a 300 g de crema de leche montada junto con las claras.
Sirva inmediatamente en vasos fríos junto con los melocotones.

melocotones escalfados en marsala con compota de fruta y crema de mascarpone
Prepare la receta base. En una cacerola mediana, caliente 230 g de fresas en rodajas, la
misma cantidad de frambuesas, 110 g de moras, 2 manzanas peladas en rodajas y 450 g
de azúcar. Cueza a fuego lento hasta que todo esté tierno, y sirva tibio o frío junto
con la crema de mascarpone.

melocotones escalfados en marsala con crema de avena y brandy
Elabore la receta base. Omita la crema de mascarpone. Mezcle 2 cucharadas de almendras
picadas tostadas, 2 cucharadas de copos de avena tostados, 300 g de crema de leche
montada, 1 cucharada de zumo de limón, 4 cucharadas de miel y 4 cucharadas de brandy.

variaciones

bolas de helado de praliné cubiertas de chocolate

véase receta en la página 260

helado de pepitas de chocolate con salsa de chocolate
Prepare la receta base, pero omita el praliné. Incorpore 170 g de pepitas de chocolate negro al helado. Omita la cobertura de chocolate y sirva con salsa de chocolate.

helado de fresas
Elabore la receta base, pero omita el praliné. Agregue 110 g de fresas troceadas al helado. Cubra con fresas troceadas y crema de leche.

bolas de helado de menta y pepitas de chocolate cubiertas con chocolate
Prepare la receta base, pero omita el praliné. Incorpore al helado 170 g de pepitas de chocolate negro y 2 cucharaditas de extracto de menta.

bolas de helado de chocolate con leche y crema de cacahuete cubiertas con chocolate
Elabore la receta base, pero sustituya el praliné por 170 g de pepitas mezcladas de chocolate y crema de cacahuete.

bolas de helado de piña colada
Prepare la receta base, pero sustituya el praliné por 40 g de coco rallado dulce, la misma cantidad de piña escurrida y triturada y 1 cucharadita de extracto de coco. Omita la salsa de chocolate.

variaciones

panna cotta con dulce de leche

véase receta en la página 262

panna cotta con frutos rojos y *coulis* de frambuesas

Prepare la receta base. Omita el dulce de leche. Sirva con frutos rojos variados
y rocíe con *coulis* de frambuesa (*véase* pág. 238).

panna cotta con peras escalfadas y salsa de chocolate

Elabore la receta base. Omita el dulce de leche. Sirva con 1 pera pelada, limpia
y cortada en mitades por persona, escalfada en vino tinto con especias y 230 g
de azúcar. Acompañe con salsa de chocolate (*véase* pág. 254).

panna cotta de café con crema de leche montada y sirope de arce

Prepare la receta base. Omita el dulce de leche. Añada 2 cucharaditas de café
instantáneo en polvo a la leche mientras se calienta. Sirva con crema de leche
montada y rocíe con sirope de arce.

panna cotta de chocolate blanco con dulce de leche

Prepare la receta base, pero añada 170 g de trozos de chocolate blanco a la mezcla
de crema de leche y leche mientras se calienta.

panna cotta sin lácteos de coco con fresas

Sustituya la leche y la crema de leche por leche de coco en conserva. Sirva con fresas
frescas en rodajas y *coulis* de frambuesas (*véase* pág. 238).

variaciones

***brownies* de chocolate y pacanas**

véase receta en la página 265

***brownies* de chocolate y pacanas con pepitas de chocolate blanco**
Añada 60 g de trocitos de chocolate blanco a las nueces en la receta base.

***brownies* de chocolate y frutos secos variados**
Agregue a la receta base 85 g de frutos secos variados troceados, incluyendo avellanas, almendras, nueces de Brasil y de macadamia.

***brownies* de chocolate con cobertura de pastel de queso al chocolate**
Omita las pacanas y la cobertura. Cubra los *brownies* fríos con una mezcla de 170 g de queso crema, 70 g de mantequilla, 200 g de azúcar de lustre tamizado y 30 g de cacao en polvo de proceso holandés.

***brownies* de chocolate y pacanas con salsa de caramelo**
Prepare la receta base. Cueza 5 minutos a fuego lento 85 g de azúcar moreno, 140 g de sirope dorado oscuro, 60 g de mantequilla y 120 ml de crema de leche espesa. Retire del fuego. Añada 2 cucharadas de zumo de limón.

***brownies* de chocolate y pacanas sin lácteos con salsa de chocolate**
Elabore la receta base, pero sustituya la mantequilla por margarina. Omita la cobertura y sirva con salsa de chocolate sin lácteos (*véase* pág. 272).

variaciones

blondies de sirope de arce con chocolate blanco y nueces

véase receta en la página 267

blondies de sirope de arce con chocolate blanco y nueces de macadamia
Prepare la receta base, pero sustituya las nueces por nueces de macadamia troceadas.

blondies de sirope de arce con chocolate blanco y dátiles
Elabore la receta base, pero sustituya las nueces por 140 g de dátiles troceados.

blondies de sirope de arce con caramelo de mantequilla y pacanas
Prepare la receta base, pero sustituya el chocolate blanco por pepitas de caramelo de mantequilla y las nueces por pacanas troceadas.

blondies de sirope de arce con chocolate blanco y cerezas
Elabore la receta base, pero reemplace las nueces por cerezas deshidratadas.

blondies de sirope de arce sin lácteos con mantequilla de cacahuete y nueces
Prepare la receta base, pero sustituya el chocolate blanco por pepitas de crema de cacahuete sin lácteos y la mantequilla por margarina.

índice